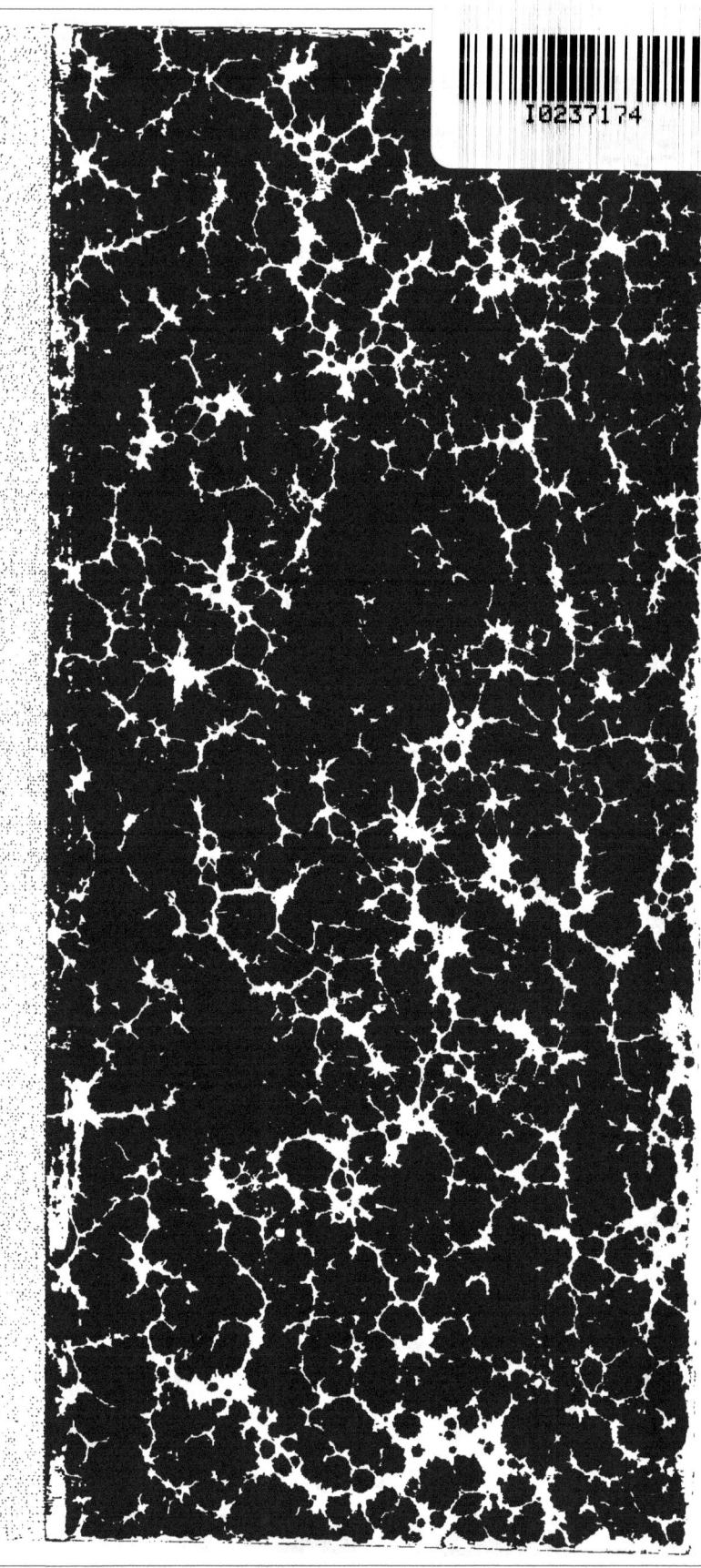

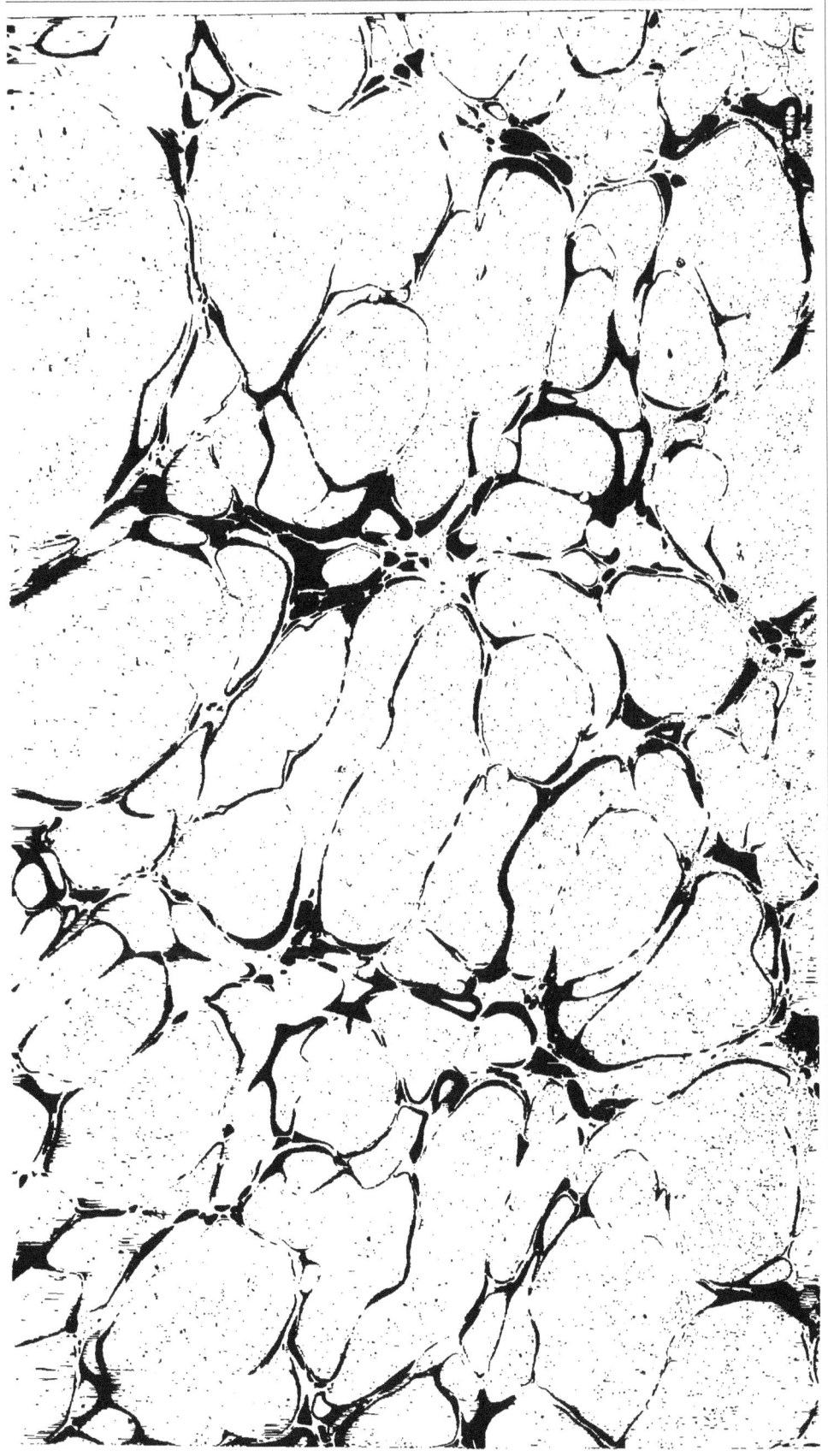

BIOGRAPHIE
DE
CHARLES DE BOURDIN
PASTEUR

Du Mas-d'Azil, réfugié en Suisse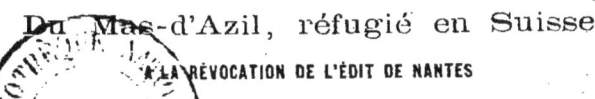
A LA RÉVOCATION DE L'ÉDIT DE NANTES

D'APRÈS

DES DOCUMENTS ORIGINAUX ET INÉDITS

PAR

O. DE GRENIER-FAJAL

Bachelier ès-sciences, Licencié ès-lettres

PASTEUR

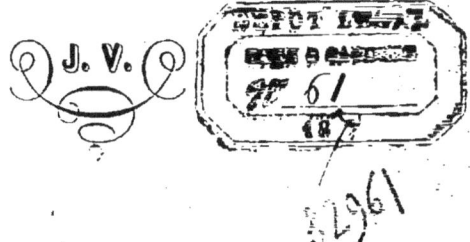

MONTAUBAN

TYPOGRAPHIE DE J. VIDALLET, RUE BESSIÈRES, 25

1877

BIOGRAPHIE

DE

CHARLES DE BOURDIN

BIOGRAPHIE

DE

CHARLES DE BOURDIN

PASTEUR

Du Mas-d'Azil, réfugié en Suisse

A LA RÉVOCATION DE L'ÉDIT DE NANTES

D'APRÈS

DES DOCUMENTS ORIGINAUX ET INÉDITS

PAR

O. DE GRENIER-FAJAL

Bachelier ès-sciences, Licencié ès-lettres

PASTEUR

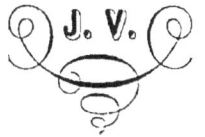

MONTAUBAN

TYPOGRAPHIE DE J. VIDALLET, RUE BESSIÈRES, 25

—

1877

AVANT-PROPOS

La biographie de Charles de Bourdin, que je présente aujourd'hui au public protestant, a été rédigée tout entière d'après des documents absolument inédits. Ces précieux papiers dormaient depuis longtemps dans les archives de la famille d'Amboix de Larbont, lorsque celle-ci eut l'idée et la bonté de me les confier, il y a quelques années, en m'invitant à les mettre à profit dans l'intérêt de notre histoire protestante. Je remercie cordialement la famille d'Amboix d'avoir bien voulu me faire un tel honneur et un tel plaisir.

Depuis cette époque, je travaille à lire et à transcrire ces manuscrits, qui sont quelquefois bien difficiles à déchiffrer. J'aurais voulu pouvoir les mettre immédiatement à la disposition du public par la voie de la presse ; mais la tâche est longue et laborieuse ! Néanmoins, je m'estimerai heureux si je puis, à force de temps et de veilles, venir à bout de ce travail et jeter ainsi quelque lumière sur certains points particuliers de l'histoire du protestantisme dans le comté de Foix.

On peut considérer cette biographie de Charles Bourdin, pasteur du Mas-d'Azil réfugié en Suisse à la Révocation de l'édit de Nantes, comme un chapitre de mes études et de mes recherches historiques. Si le public protestant l'accueille avec indulgence, je ne tarderai pas à l'entretenir de nouveau de nos pieux ancêtres auxquels s'applique si bien la parole du sage : « Les pères sont la gloire des enfants ! » (Prov. XVII, 6.)

Caussade le 1ᵉʳ août 1877.

O. De GRENIER-FAJAL, pasteur

Armoiries de la Famille Bourdin

La famille DE BOURDIN porte mi-partie d'azur à deux colombes d'argent aux ailes déployées l'une sur l'autre, d'or à deux lions léopardés d'argent lampassés de gueule de même.

CHAPITRE PREMIER

NAISSANCE DE CHARLES DE BOURDIN AU MAS-D'AZIL

(15 septembre 1646)

Le Mas-d'Azil (Mansum Asilii) est un chef-lieu de canton qui faisait partie autrefois du comté de Foix et qui se trouve aujourd'hui dans le département de l'Ariége et dans l'arrondissement de Pamiers.

Cette petite ville est assise au fond d'une vallée et sur les bords d'une rivière qui est connue sous le nom d'Arise, et qui, descendue des Pyrénées, baigne de ses eaux écumantes le Mas-d'Azil, s'échappe par une gorge étroite et pittoresque appelée le Cab-Aret (1), et arrose dans son cours

(1) Les historiens font dériver le mot Cab-Aret de *caput arietis*, tête de bélier, à cause de la forme qu'affectent, dit-on, les cimes des rochers des deux côtés du défilé. Cette étymologie est trop savante pour ne pas me sembler bien douteuse; elle se fonde d'ailleurs sur un fait très contestable.

Sabarat, les Bordes, Campagne, Daumazan, Labastide-de-Besplas, Montesquieu-Volvestre, Rieux et Carbonne, où elle se jette dans la Garonne. Le Mas-d'Azil, placé pour ainsi dire au fond d'une cuvette, est entouré presque de toutes parts de hautes collines. Du côté du sud, en particulier, on aperçoit une ligne de rochers taillés à pic qui bornent l'horizon et rendent assez difficiles les communications avec l'arrondissement de Saint-Girons. C'est sous ces rochers que se trouve la *grotte*, excavation immense creusée durant des siècles par les eaux de l'Arise qui s'y précipitent avec fracas et en sortent en bouillonnant, refuge sombre et sauvage où nos pères durent s'enfermer pour la défense et la conservation de leur foi.

Au-dessus de l'entrée septentrionale de la grotte, on remarque une galerie naturelle (1) qui s'appelle, dans la langue du pays, *lé Solitari*, ce qui veut veut dire en français le *Solitaire* (2). Cette ga-

---

(1) Je ne puis admettre que cette galerie ait été, comme on le prétend (Ebrard : *le Mas-d'Azil*, p. 183, trad. Chaptal), creusée par les Romains. A quoi aurait-elle pu leur servir? Je ne saurais le deviner.

(2) Ebrard, dans son beau livre sur *le Mas-d'Azil* (p. 184), appelle cette galerie le *solatarium* et écrit la note suivante : « On trouve chez les auteurs latins de la décadence le mot *solari*, être exposé au soleil. » Cette étymologie me semble encore plus fantastique que celle de Cab-Aret, s'il est pos-

lerie, placée à une grande hauteur au-dessus du niveau de la rivière, permet de passer celle-ci à pied sec dans le sens de l'ouest à l'est, et réciproquement.

Non loin du Mas-d'Azil, du côté de Gabre, s'élève une petite éminence qu'on appelle le *Castéra* : il y avait là autrefois un des châteaux ou des forts avancés de la ville dont il ne reste plus aujourd'ui que le nom. De cette ravissante position, on aperçoit, au couchant, *la Gloriette*, parc magnifique de l'ancienne et noble famille d'Amboix de Larbont, ainsi que les hauteurs historiques du *Cap-del-Pouech*; au nord, la maison de *Capens*, placée sur le sommet de la colline comme une vigilante sentinelle, et à l'orient *Castagnès* assis au bord de la rivière, à l'ombre délicieuse de ses vieux platanes. Un peu au-dessus du Castéra jaillit, à côté de la route, la fontaine de Barascou, dont les eaux fraîches et abondantes abreuvent les environs.

Il serait difficile, sinon impossible, d'indiquer exactement l'origine du nom du *Mas*. Dans son *Histoire des comtes de Toulouse* (p. 10), Catel dit : « Mansus, d'où vient le mot *mas*, signifie un héri-

---

sible. En effet, la galerie dont il s'agit ne reçoit les rayons du soleil que le matin, jusqu'à midi environ. Ne serait-il pas plus naturel d'expliquer ce mot Solitàri par la solitude profonde de ce lieu inhospitalier?

tage de champs qui contenait le labour de deux paires de bœufs (métairie) en Provence, Gascogne et Languedoc : ces terres s'appelaient *mas* et *mais*. »

Quoi qu'il en soit de cette étymologie, il paraît que la fondation de la ville du Mas-d'Azil fut amenée peu à peu par la présence d'une abbaye de Bénédictins. Ce monastère, dont l'église avait été placée sous l'invocation de Saint-Étienne, existait déjà sous l'empire de Charlemagne. En effet, dit Castillon dans son *Histoire du comté de Foix* (t. I, p. 144) : « On lit dans un titre de l'an 817, qu'un seigneur nommé Ébolatus, de concert avec sa famille, fit donation à Asnarius, abbé du Mas-d'Azil, et successeur de Colastus, du lieu nommé *Sylva agra*, et de l'église de Saint-Pierre, où reposaient les reliques de saint Rustique. Ainsi, comme on voit, la fondation de ce monastère était, au moins, antérieure au commencement du ixe siècle, quoique il soit très difficile de déterminer l'endroit où elle eut lieu. Nous voyons, plus tard, dans des titres du xe et xie siècles, que c'est au comté de Foix, sur le torrent de la Rise, à trois lieues de Pamiers, et à quatre de Saint-Lizier, que l'abbaye du Mas-d'Azil est placée. »

Le monastère et les habitants du Mas-d'Azil vivaient depuis des siècles sous la domination des comtes de Foix, lorsqu'il se produisit dans cette ville un événement de la plus haute importance pour son avenir. La Réforme religieuse, qui avait affranchi de la tyrannie papale le nord de l'Europe et beaucoup de villes de France, pénétra dans le Mas-d'Azil en 1561, sous le règne de l'illustre et pieuse reine Jeanne d'Albret. Voici de quelle manière *Théodore de Bèze*, dans son *Histoire des Églises réformées* (t. I, p. 546, édition de Lille), nous raconte l'introduction de la Réforme au Mas-d'Azil : « Environ le mois de novembre (1561), les « villes circonvoisines du comté de Foix commen- « cèrent de s'émouvoir à bon escient pour em- « brasser la religion réformée. Par ainsi au Mas- « d'Azil fut commencé de prêcher par *Bernard* « *Perrin*. A quoi ne pouvant prendre plaisir ceux du « monastère qui y est, mirent garnison dans leur « temple, et, qui pis est, tuèrent ceux de la reli- « gion : pour lequel meurtre voyant toute la ville « mutinée contre eux, ils abandonnèrent le monas- « tère, et par ainsi se dépossédèrent eux-mêmes. »

A partir de ce jour, la Réforme était définitivement établie au Mas-d'Azil où elle s'est maintenue jusqu'à nos jours en dépit des plus cruelles persécutions. En 1625, Louis XIII, roi de France, envoya le maréchal de Thémines assiéger cette petite ville, qui le repoussa avec un admirable héroïsme, sous le commandement de Larbont, Saint-Blancart et François Dusson.

Plus tard, en 1647 et en 1669, deux synodes provinciaux se réunirent au Mas-d'Azil pour délibérer sur les intérêts religieux des Églises réformées du Haut-Languedoc et de la Haute-Guyenne.

Nous connaissons les noms de la plupart des pasteurs du Mas-d'Azil, sinon de tous; les voici dans l'ordre des dates jusqu'à la Révocation de l'Édit de Nantes : *Bernard Perrin* (nov. 1561), qui introduisit la Réforme au Mas, et dont nous avons déjà parlé; *Martin Tachard* (1564-1567), qui fut tour à tour pasteur à Montauban, à Pamiers, au Carla, au Mas-d'Azil, aux Cabanes, et qui mourut martyr à Toulouse; *Jacques Pradelles*, qui desservait aussi l'Église de Camarade à qui celle du Mas-d'Azil l'avait prêté par une convention du 5 novembre 1579; *Jean Rougier* (1593-1603...), qui prêcha une série de sermons sur la place de la Vernède pendant la peste du Mas-d'Azil (1593), et fut, le 17 avril 1597, modérateur d'un colloque tenu à Calmont (1); *Jean Holier* (1609-1625...), an-

---

(1) La *France protestante* (p. 272) et avant elle Aymon (*Synodes Nation.*, t. I, p. 292) écrivent *Roger;* et l'auteur d'une liste de pasteurs insérée dans le *Bulletin historique du protestantisme* (1876, n° 12, p. 547) écrit *Rogeoy*. Ces deux orthographes sont également fautives, c'est *Rougier* que signait le pasteur en question, comme on le voit encore dans un recueil de sermons manuscrits que possède

cien pasteur d'Annonay, qui était au Mas pendant le siége; *André de Bourdin*, natif de Figeac en Quercy, pasteur de Verlhac et Villemur de 1635 à 1643, et du Mas-d'Azil, de 1643 à 1683; *Jean de Baricave*, ami et collègue d'André de Bourdin; *Tardieu* et *Falantin de Larivière*, qui assistèrent au synode de Caussade le 4 novembre 1677, et dont le second avait été aumônier dans les armées du maréchal de Schomberg; et enfin *Charles de Bourdin*, qui fait le sujet de cette biographie (1).

Tel est le milieu dans lequel naquit Charles de Bourdin le 15 septembre 1646. Nous connaissons cette date d'une manière certaine par une de ses lettres dans laquelle il dit qu'il avait juste soixante ans le 15 septembre 1706; d'où, par voie de soustraction, la date de naissance déjà indiquée.

Son père, André de Bourdin, qui était un homme distingué, docteur en théologie, et qui fut quarante ans pasteur au Mas-d'Azil, avait épousé *Marguerite Ducasse de Larbont*, et en eut plusieurs enfants : Charles, qui était l'aîné de tous, Jean de Lasforgues, Pierre de Serrelongue, Gaston

M. Philippe Darrien, pasteur à Mazères. Qu'il me soit permis de remercier mon vénéré collègue de cette intéressante communication.

(1) J'espère qu'il me sera permis de faire mieux connaître plus tard ces pasteurs du Mas-d'Azil que je me borne à nommer aujourd'hui.

d'Escarpeille, Jean Claude, et Jeanne de Bourdin, qui épousa plus tard Paul d'Amboix (vers 1706). Le grand'père de Charles, du côté paternel, se nommait Hector Bourdin et était avocat à la cour royale de Figeac ; sa grand'mère s'appelait Marie de Cardaillac. Du côté maternel, Charles était le petit-fils du seigneur Ducasse de Larbont, et de Suzanne Dusson. Il avait deux tantes, Suzanne de Bourdin, mariée avec Jean Vernhes, marchand de Capdenac, mère de Charles Vernhes, qui fut pasteur à Villemade, près de Montauban, et Isabeau de Bourdin, mariée à Verfeil avec Pierre de Baillès, dont elle eut deux enfants, Jean et Charles de Baillès.

Son oncle, qui s'appelait comme lui Charles de Bourdin, était un peu plus âgé que son frère André et était né à Figeac vers l'an 1600. Après avoir fait ses études à l'Académie de Montauban, il se maria dans cette ville le 14 mai 1640 avec Marguerite de Soulié, fille de Blaise de Soulié, marchand, et d'Isabeau de Malparti, qui survécut à son mari. Charles de Bourdin, l'oncle de notre héros, fut successivement pasteur à Labastide-du-Peyrat (1634-1647), à Sorèze (1647-1652), à Lacrouzette et à Ferrières (1652-1654), à Espérausses et à Berlats (1654-1659), et enfin à Calmont et à Gibel (1659-1668). Il mourut le 22 novembre 1668 dans sa maison de Calmont, laissant seulement une veuve qui lui survécut sept ans environ. On voit que la famille des Bourdin était une famille vraiment huguenote, c'est-à-dire dévouée sans réserve aux doctrines de la Réformation.

Il faut en dire autant de la famille des Larbont, à laquelle Charles de Bourdin appartenait par sa mère. Elle avait donné à plusieurs reprises des gages éclatants de son attachement à la cause de l'Évangile, et, pour n'en rappeler qu'un seul, c'est surtout le capitaine de Larbont qui avait été l'âme de la défense pendant la siége du Mas-d'Azil. Et si plus tard une partie considérable de la noblesse protestante crut pouvoir, comme les Dusson, abandonner sa religion pour avoir part aux faveurs du roi, la famille de Larbont ne se laissa point entraîner par ces funestes exemples, mais elle demeura ferme, inébranlable dans sa foi. Et voilà pourquoi elle a été si richement bénie jusqu'à nos jours par ce Dieu qui fait miséricorde jusqu'à mille générations à ceux qui l'aiment et qui gardent ses commandements !

CHAPITRE II

ÉDUCATION DE CHARLES DE BOURDIN A PUYLAURENS

(1670-1677)

Placé dès son enfance dans une atmosphère de piété, Charles de Bourdin reçut de sa famille une éducation chrétienne et protestante sur laquelle nous n'avons, malheureusement, que fort peu de renseignements. Son père, André de Bourdin, qui était docteur en théologie, lui enseigna les éléments des langues anciennes, comme nous pouvons le conclure légitimement de la carrière à laquelle il avait voué son fils, et des cahiers de latin, de grec et d'hébreu retrouvés dans ses papiers.

Charles eut ainsi le privilège de passer toute son enfance auprès de ses parents. Il résidait, tantôt au Mas-d'Azil où son père était pasteur, tantôt à Pradals, entre Rieubach et Camarade, où son père avait une maison de campagne. Pradals devint plus tard la résidence de Jeanne de Bourdin et de Paul d'Amboix, son mari, qui y mourut en 1709. Depuis lors, Pradals est resté la propriété de la famille d'Amboix jusqu'en 1872.

C'est à Pradals qu'était la famille de Bourdin, et Charles en particulier, durant l'été et l'automne de 1656, d'après un compte du sieur Roug, chirurgien. Ce document nous apprend que le 18 septembre 1656, Roug alla deux fois à Pradals et fit une saignée à Charles. Le lendemain, ce chirurgien revint à Pradals pour faire à Charles deux saignées le même jour et lui donner « quatre onces de sirop de capillis. » On voit que le pauvre enfant, qui n'avait alors que dix ans, courut le sérieux danger de mourir selon l'ordonnance entre les mains de son médecin.

Au mois de juin 1668, Charles eut la douleur, partagée par tous les membres de sa famille, de perdre l'un de ses frères, Jean Claude Bourdin, soldat dans la compagnie de Monsolens, au régiment d'Auvergne. Claude mourut de maladie dans Armantière, après être demeuré durant un an au service du roi. C'est ainsi que la Providence travaillait aussi à l'éducation du jeune Charles et lui faisait connaître, par une douloureuse expérience, la fragilité et la brièveté de notre vie.

Quelques mois après, le 22 novembre 1668, Dieu lui adressait un autre appel du même genre en retirant à lui son oncle Charles de Bourdin, le digne pasteur de Calmont, dont la vie si agitée avait été consacrée tout entière au service du Seigneur. Nous verrons plus tard que le jeune Charles fit son profit de ces sévères enseignements que Dieu lui donnait.

En août 1669, Charles est à Calmont auprès de sa tante, Marguerite de Soulié, pour s'occuper des affaires de son père, André de Bourdin. Il dit à celui-ci dans une lettre que « la récolte est généralement fort médiocre cette année », qu'il lui envoie deux comportes et deux sacs pleins de livres, ne gardant avec lui que Vendelin et la Physiologie de Duncan qu'il s'est réservés pour se divertir. « Vos sermons manuscrits, ajoute-t-il,
« sont en bon estat dans l'un des sacs. Je suis ré-
« solu de faire la cène à Mazères, et de ne re-
« tourner au Mas qu'au temps du synode, si je
« ne vous suis nécessaire. Tout ce que j'ay à vous
« demander est de me tenir prêt ce qui me sera
« nécessaire pour mon voyage de Paris immédia-
« tement après la tenue du synode. » Enfin, Charles de Bourdin fait preuve de goûts simples et austères, et d'un grand respect pour son père, en lui demandant la permission de s'habiller. « Je ne puis
« me passer d'un autre habit, lui dit-il, celuy que
« je porte ne peut plus me servir à cause de sa
« vieillesse ; je désire m'habiller à la cavalière d'une
« estoffe de peu de prix ; je me serviray d'un habit
« simple dans les voyages plus commodément que

« d'un autre habit. Si vous me permettés d'aller à
« Pamiers pour m'habiller, je crois que je m'habil-
« lerai fort comodément ; au moins je suis résolu
« de ne retourner point au Mas que je ne sois ha-
« billé, car je vous fairois déshonneur. Faites moy
« savoir vos sentimens là-dessus un jour de la sep-
« maine prochaine. »

C'est vers l'année 1671 que Charles de Bourdin, âgé de 25 ans, entra à l'Académie de Puylaurens pour y faire ou pour y compléter ses études théologiques. Nous savons, en effet, qu'il les termina en l'année 1677, et il est naturel d'admettre qu'elles durèrent six ans ou à peu près, ce qui nous oblige à en rapporter le commencement à l'année 1671 environ.

L'Académie de Puylaurens n'était point autre chose que l'Académie de Montauban transférée pour des motifs dérisoires hors de sa première résidence (1659). Cette translation fut ordonnée par Louis XIV, que dirigeaient les Jésuites et la reine-mère, Anne d'Autriche (1). L'académie protestante végéta à Puylaurens jusqu'au 5 mars 1685 où un arrêt du Conseil la supprima tout à fait (2). Ses

---

(1) DE FÉLICE : *Histoire des Protestants*, p. 345 et 346, éd. in-8°, 1851.

(2) C. RABAUD : *Histoire du protestantisme dans l'Albigeois et le Lauragais*, p. 423 et 429.

derniers professeurs furent Pérès, Martel, Ramondon, Rivals et Arbussi.

Le premier document qui constate que Charles de Bourdin était en cours d'études théologiques, c'est un reçu signé le 7 avril 1674 par Labat qui promet de payer la somme de quarante livres dix sols à « monsieur Bourdin, proposant, ou à son ordre. »

En 1675, Charles de Bourdin subit un examen qui ne fut pas admis. Cette circonstance causa un certain refroidissement entre son père André de Bourdin et Pierre Débia, qui fut pendant plusieurs années pasteur de Sabarat (1667 à 1677) et plus tard de Réalville (1679 à 1683 au moins). Pierre Débia s'empressa d'écrire à son collègue la lettre suivante, que je reproduis tout entière :

« De Montauban ce 13 décembre 1675.

« Monsieur et très honoré père,

« Les pleintes que vous faites de tous costés contre
« M. Bayle et contre moy sont parvenues à mes
« oreilles ; je ne puis point prendre cella sur l'in-
« différance, et ce n'est qu'avec un extrême regret
« que j'aprends qu'une personne qui m'a receu très
« souvent dans sa maison avec toute sorte de civi-
« lité et à qui j'ay beaucoup d'obligation, me **croye**

« assés lâche pour être entré en conjuration contre
« son propre fils et un fils de qui je fay profession
« d'être amy depuis un long temps. On m'a dit,
« Monsieur, les raisons que vous avès de vous
« plaindre de moy, mais pardonnés moy si je vous
« dis qu'elles ont si peu de force, que la charité
« que vous deviès avoir pour moy les devoit toutes
« annuler. J'ay à la vérité nommé pour examina-
« teur Laboissonade; il est vray que vous m'aviès
« fait prier de le nommer point, mais je dis à
« M^r votre fils et à vous-même qu'il m'avait de-
« mandé ma voix par grâce ; cette grâce étoit fort
« peu considérable, je crus que je ne la pouvois pas
« refuser à cet ami. Mais, dirès-vous, je vous avès
« prié de ne le faire pas. A cela je vous réponds,
« Monsieur, que je creus alors et que je crois encore
« que vos intérêts et ceux de M. de Laboissonade
« n'entroient point en concurrence dans cette occa-
« sion parce que l'apréhension que vous aviès de
« luy me paroissoit mal fondée. Il me protestoit
« qu'il n'avoit aucun mauvois dessein contre vous
« et qu'il seroit le plus marry du monde de porter
« aucun préjudice à M^r votre fils, et pouvois-je
« sans luy faire tort m'empêcher d'ajouter foy à
« ses protestations ? Quant à l'ardeur qu'il foisoit
« paroître d'être examinateur, elle ne m'étoit point
« suspecte, et je ne soupçonnois nullement qu'il y
« eut du mauvois dessein, parce qu'un autre motif

« le pouvoit pousser à le désirer de la sorte, à
« sçavoir celuy d'avoir une charge dans le synode,
« ce que la plupart affectent. Vous voyès donc,
« Monsieur, que ça été fort innocemment et sans
« aucun dessein de vous nuire que je lui donné ma
« voix. De plus MM^{rs} Bayle et Vergnes vos neveux
« sçavent que j'ay été en pique avec luy pour luy
« ôter sa place, et qu'après que nous l'eûmes fait
« secrétaire de notre colloque, je m'oposay à ce
« qu'il fût examinateur, luy soutenant qu'il ne pou-
« vait pas avoir les deux charges. Mais la com-
« plaisance que j'eus pour un amy que je vis plein
« d'ambition et du désir d'avoir des honneurs fit
« que je luy céday volontiers un droit qui, selon
« mon sentiment, ne vous pouvoit point être pré-
« judiciable, s'il l'a été en effet, c'est une autre
« question; mais vous voyés, Monsieur, que je suis
« hors de coulpe. Mais outre cella j'ay veu Mon-
« sieur Bayle en venir aux grossès paroles avèque
« luy sur ce chapitre, il a protesté à foy d'homme
« d'honneur qu'il n'avoit point dit ce dont vous
« l'accusés et qu'il défie qui que ce soit au monde
« de le luy pouvoir soutenir. Enfin, Monsieur, faites
« luy un peu raison si sa mère est allée à renvoyer
« monsieur votre fils. Sa voix fait-elle plus d'une
« voix? est-ce un homme d'un si grand crédit et
« d'une si grande autorité, que son sentiment en-
« troîne celuy de tous les autres, et ses collègues

« étoient-ils des gens de si peu de résolution que
« de se laisser aller à ce que M. Laboissonade de-
« mandoit d'eux contre toute sorte de raison et que
« de renvoyer M^r votre fils, si dans son examen il
« eût montré qu'il méritoit d'être receu ? cela ne se
« peut pas soutenir. Je ne veux pas néamoins par
« ce que je viens de dire déroger en rien au mérite
« de Monsieur votre fils; je ne doute point qu'il
« ne soit dans le fond plus savant qu'il ne l'a paru
« dans son examen; il fit bien voir dans sa pro-
« position qu'il n'était pas le moindre de ses frères
« pour ne pas dire qu'il étoit des premiers. Mais
« il y a des heures malheureuses où on perd la
« mémoire de ce qu'on a le mieux apris, où les
« paroles nous manquent pour exprimer ce qu'on
« sçait le plus clairement, mais il faut reconnoître
« que cest esprit d'étourdissement, s'il m'est permis
« de parler de la sorte, vient de Dieu, qui avance
« la vocation des uns quand il veut et qui met du
« retardement à celle des autres; en toutes ces
« choses il se propose sa gloire. J'espère que luy,
« qui sçait tirer le bien du mal, faira que l'accident
« qui est arrivé à M^r votre fils servira à l'avenir
« à l'avancement de son règne, à sa propre conso-
« lation et à la nôtre et à l'édiffication de l'Église
« en général. Ce sont les vœux que je fais et pour
« luy et pour vous comme étant,

   « Monsieur et très honoré père,

« Votre très humble et très obéissant serviteur
« et fils,
« Debia (1). »

Cette lettre, si empreinte de douceur et de charité, fait honneur à celui qui l'a écrite, et elle nous donne en même temps une idée avantageuse des talents oratoires de notre jeune proposant.

Le 13 avril 1676, André de Bourdin écrit à son fils qui venait de faire un voyage à Montauban pour y voir son frère d'Escarpeille. Il s'étonne que Charles, en passant à Toulouse, ne soit pas allé voir M. Foissin pour arranger de son mieux une affaire désagréable. Ce marchand avait prêté une somme assez considérable à un certain Labat, sur le témoignage que Charles avait rendu à la probité de ce personnage, et Labat ne voulait pas payer M. Foissin. C'est en vain qu'André lui a posé des questions sur ce sujet, le débiteur n'a jamais voulu donner aucun éclaircissement, « il a toujours respondu par ambages et avec un sourris de filou ». Le digne pasteur annonce ensuite à Charles que

---

(1) Adresse : A Monsieur
Monsieur Bourdin f. m. d. s. e.
au Maz d'Azil

(Au dos de la pièce) : Lettre de Mr Débia ministre du 13 déc. 1675.

son frère Las Forgues est employé « commis aux aydes de Dièpe » depuis deux mois environ et qu'il reçoit 400 livres de gages. — Il charge son fils d'aller à Sorèze pour régler quelques affaires avec Antoine Pistres, Bastoul et Augé, avocat, et il ajoute les lignes qui suivent : « Pour le surplus, je
« ne vous dis rien des foules extraordinaires que
« nous avons receues et que nous recepvons tous
« les jours des gens de guerre. Outre une com-
« panie complaite de cavalerie que nous logeons
« icy despuis près de trois mois, nous en avons
« eu icy deux autres qui ont logé la nuit dernière,
« qui, outre la mangeaille et après avoir donné
« aux officiers 14 louis d'or pour le bien vivre,
« n'ont pas resté de faire rançonner et battre une
« grande partie des habitants, tellement qu'on
« nous fait tous les jours manger notre revenu en
« herbe. » — Cette lettre, adressée « à M. Bourdin, proposant à Puylaurens », se termine par ces pieuses paroles : « Je vous recommande à Dieu et à sa grâce, estant, mon fils, vostre bon et affectionné père, A. Bourdin. »

Dans une autre lettre, écrite du Mas-d'Azil le 27 juillet 1676, à « M. Bourdin, proposant à Puilaurans », le vénérable pasteur donne à son fils des renseignements détaillés sur ses affaires de Sorèze où il le charge de revenir, et il termine en lui recommandant de ne pas manquer les cours :

« Nostre famille est au même estat que vous l'avès
« laissée. On me dit que vous n'êtes par fort
« assidu à vos exercices d'escholle, et que vous
« faites souvent des absences; vous y adviserés.
« Je suis, mon fils, votre bon père, Bourdin. »

Le 5 septembre 1676, André Bourdin, ministre du Mas-d'Azil, fait à « Charles Bourdin, escolier, son fils, habitant à présant de Puilaurans », une procuration qui lui permet de faire payer certaines sommes à Jean Tirefort, s^r de Burgairolles, habitant de Vabre, à Jean Calvayrac s^r de Lalande et Jean Oulieu, habitants de Berlats, à Jean Armengau et Jean Cavaillé, consuls de Berlats, et à Bonnafous s^r de Lalouvière. Cette procuration est retenue par Me Anglade, notaire au Mas-d'Azil.

Le lendemain 6 septembre, André Bourdin écrit une lettre à son fils « Bourdin, proposant à Puilaurans », pour lui donner des renseignements précis sur ses affaires de Vabre et de Berlats, et il envoie cette lettre avec la procuration.

Charles de Bourdin écrit de Puylaurens à son père le 3 avril 1677, il l'entretient des affaires qui lui ont été recommandées, et des disputes que certains nobles du temps avaient entre eux : Je fis,
« dit-il, mon voyage fort heureusement. Pour ce
« qui est de ma conduite, Mr de Léran me fit mille
« honneurs, mais il me dit qu'il est très mal avec
« Mr de Sainte-Colombe depuis quelque tems. Ils

« sont en dispute pour des droits de seigneurie,
« l'un et l'autre prétendent que leur domaine s'es-
« tant plus loin qu'il ne fait, et la dernière fois
« qu'ils se virent ils se séparèrent très-mal édifiés
« l'un de l'autre, ce qui fit qu'il ne me peut accor-
« der la recommandation que j'espérois de lui. »
Que les préoccupations de la noblesse huguenote
étaient alors mesquines à côté de celles qui l'absor-
bèrent en général jusqu'à l'époque du duc de
Rohan !

Enfin, le 8 novembre 1677, « M. André Bourdin,
ministre de l'esglize du Mas-d'Azil, et Charles
Bourdin, proposant, son fils », reconnaissent devant Lacombe, notaire royal de Caussade en
Quercy, qu'ils doivent à « Aron Duroy, marchant,
habitant du lieu du Bias », la somme de deux cent
vingt livres, et s'engagent à la payer dans un an
chez le « s^r Jean Senilh, marchant de Montauban. »
Ce document est le dernier qui donne à Charles
Bourdin le titre de proposant, et il ne faut point
s'en étonner, puisque il est arrivé à l'âge de 31 ans
et qu'il va cette année même entrer dans l'exercice
du ministère évangélique.

CHAPITRE III

MINISTÈRE DE CHARLES DE BOURDIN A SÉNÉGATS

(1677-1679)

Venu avec son père au synode de Caussade, qui fut tenu du 4 au 12 novembre 1677, sous la présidence de Samson Gomès, ministre de cette ville, Charles Bourdin fut nommé pasteur de l'Église réformée de Sénégats où il fut consacré au saint ministère par Lacalm, ministre de Vabre, et Richard, ministre d'Espérausses (1).

La ville de Sénégats, assise au fond d'une vallée qu'arrosent les eaux du Gijou, était autrefois une ville beaucoup plus importante qu'elle ne l'est aujourd'hui ; ce qui le prouve, c'est qu'on disait alors Vabre de Sénégats, Lacaze de Sénégats. On sait que le baron de Sénégats, Charles Durand, prit d'assaut Burlats, tailla en pièces la garnison et

---

(1) C. RABAUD : *Histoire du protestantisme dans l'Albigeois*, p. 373.

brûla le château. Plus tard, il accompagna Montgomméry en Béarn, et fut un des premiers à entrer dans Orthez (1).

Nous connaissons les noms de quelques-uns des pasteurs de l'Église réformée de Sénégats avant la Révocation ; ce sont : Samuel Dufresne (1659), François Lacaux (1661-1667), Lacalm (1667, 1668), Daniel Pradalis (1675-1676), Jacques Oulez (1676), Charles Bourdin (1677-1679), François Imbert (1681-1685), qui se réfugia en Hollande lors de la Révocation de l'Édit de Nantes (*Bulletin*, VII, 432).

Charles de Bourdin demeura deux ans environ au service de l'Église de Sénégats, comme nous l'attestent plusieurs documents. Ainsi, une quittance des s^{rs} Boyer et Lavaïsse, marchands de Castres, établit que charles y était le 24 janvier 1676.

Le 27 mai 1678, André Bourdin écrit du Mas-d'Azil à son fils, et, après avoir parlé d'affaires, il lui dit : « Despuis votre despart d'icy je n'ay peu sçavoir de vous aucune chose de vos diligences. Dieu veuille que vous en fassiès de plus exactes dans le train de votre vocation, cela me consolerait du reste. » Il lui parle ensuite de ses frères et lui annonce que celui qui est à Dieppe et celui qui est

---

(1) C. RABAUD : *Histoire du protestantisme dans l'Albigeois*, p. 94, note 2.

à Montivilliers se portent bien. Il finit par ces mots : « Nous attendrons de vos nouvelles par M. Bius ou par vous-mesme et seray toujours, mon fils, vostre bon et affectionné père, Bourdin. » La lettre était adressée « à M. Bourdin, f. m. d. st. Ev. à Sénégas. »

Voici enfin un document important qui nous donne la liste des principaux membres de l'Église de Sénégats et qui nous fait connaître comment le ministère était entretenu à une époque où l'État n'accordait aucun salaire aux pasteurs réformés :

« Pour despartir les gages de Monsieur Bourdin,
« ministre de Sénégas, de la seconde année qu'il
« sert à compter despuis le dernier sinnode de
« 1678 jusques au prochain de l'an 1679 se mon-
« tant par an...................... 100^l
« Pour les frais du Synnode ou portion de
«   l'Académie....................... 30^l
« Plus 9^l 3^s 2^d sçavoir 1^l 1^s 1^d pour les tail-
«   lies du temple de l'an 1678 deues à
«   Carles, exacteur.
« Pour celles de 1677 à Monsieur Correch
« 1^l 1^s, pour celles de 1679, 1^l 1^s, à Culhier
« pour desp^{re} d'un cheval l'hors de l'arrivée
« de Mr Bourdin 1^l 5^s, pour toile pour le
« matelas 3^l 15^s, à Curvalle tailheur pour
« la fasson dud. matelas 1^l, cy en tout... 9^l 3^s 2^d
          P^r 139^l 3^s 2^d

SÉNÉGAS

« Monsieur Debrus lieu^t.............	5^l	5^s	10^d
« Le s^r Jean Chabbert, mar^t........	2	2	4
« La veuve de Miallie................	2	2	4
« La veuve de Viguier, qui sera pris			
« de l'argent des pauvres..........	1	1	2
« Pierre Puech Cadet................	1	10	
« Jean Chabbert, tisserand...........	1	6	6
« La veuve de Barthe, qui sera prins de			
« l'argent des pauvres............		10	7
« Jean Gasc.......................		10	7
« La veuve de Barbes................	1	1	2
« Jean Galand (a payé 15 l.).........	1	1	2
« Daniel Galand....................		10	7
« Henry Rességuier, qui sera prins de			
« l'argent des pauvres............		10	7
« Daniel Chabbert..................		5	3
« David Roquairol, qui sera prins de			
« l'argent des pauvres............		15	9
« Isaac Malier, idem................	1	6	6
« Isaac Culier.....................	1	1	2
« Jacques Tirefort..................	1	11	9
« Estienne Tirefort, qui sera prins de			
« l'argent des pauvres............		5	3
« La femme de Molinier, idem.......		5	3
« David Pérès.....................	2	7	7

« Pierre Puech fils de George............ 4^l 4^s 8^d
« David Bénasech..................   10 7
« Anthoine Cabal..................   1 6 6

LEPONT

« Abel Baux (s^t 12^s)................ 2 2 4
« Bernard Baux (s^t 30^s)............ 2 2 4
« Le s^r Cormouls no^{re}.............. 2 2 4
« Le s^r Baux chirurgien............ 2 2 4
« Adam Tolse......................   10 7
« Curvale.........................   15 8
« David Malier....................   2 7 7
« Thobie Cabal....................   1 10 9

ROQUAIROLS

« Le s^r David Martel............... 4 4 8
« Meillier mettayer................   1 1 2

LA THOMASIÉ

« Pierre Estadieu..................   5 3
« Le beaufils de Rivière............   10 7
« Laparise 5 3
« Anthoine Galand.................   1 11 9
« Pierre Galand...................   5 3

LEMOLINET

« Samuel Bénasech................ 10ˢ 7ᵈ

SALES

« Monsieur Correch................ 4ˡ 4ˢ 8ᵗ

LA JALADIÉ

« Monsieur Correch................ 4 4 8

LA RIVIÈRE

« Anthoine Enjalbert............... 1 1 2
« Ysaac Maffre................... 1 1 2

SÉNÉGASET

« Le sʳ Debrus.................... 4 4 8
« George et Anthoine Bardous....... 1 17 1
« Anthoine Malier, qui sera prins de
«   l'argᵗ des pauvres..............   15 10
« Pierre Malier...................   10 7
« Abraam Martel..................   2 12 6

« La veuve de Malier, quy sera prins de
«   l'arg' des pauvres............... 15ˢ 10ˡ
« Martel noʳᵉ.................... 3ˡ 3 6

LABARANIÉ

« Le sʳ Pierre Bosc (solvit 3ˡ)........ 4 4 8
« La veuve du sʳ Bosc (sᵗ 3ˡ)......... 3 14 1

LAGRINGUARIÉ

« Ysaac Guiraud.................. 4 15 3
« Jacques Guiraud................ 1 11 9
« Siméon Carles (sᵗ 4ˡ)............ 4 13 3
« La veuve de Rességuier.......... 10 7
« Daniel Valette.................. 15 9
« André Airal.................... 1 11 9
« La femme Delcutier............. 5 3
« Jule tisserand.................. 1 11 9
« Philip Fosse................... 1 11 9
« Hˢ David Bénasech de Crousignes... 6 17 5

LA RASIGUADE

« Jaques Guiraud................. 1 15
« Jaques Guiraud Hˢ.............. 15
« Pierre Guiraud................. 10

« Ysaac Ramade, qui sera prins de
«   de l'arg' des pauvres............ 10ˢ

PROVENQUIÈRES

« La metterie de Mʳ Gaches......... 1ˡ 10
« Le sʳ Grec..................... 1 10

Sᵗ PIERRE

« Le sʳ Trinques................. 1 10
« Hˢ Escafit..................... 1 11 9ᵈ
« Hˢ Imbert, quy sera prins........ 10

RUDOC

« Carcénac...................... 1 5
« Le sʳ Fonvaisse................ 15

BARDES

« Le sʳ Guiraud.................. 4 4 8
« Je lui ai tenu en conte 20 s. pour les
«   tailles du temple.

CANTIER

« Le sʳ Molinier................. 1 10

« Made^le de Coiras.................. 1^l 10^s
« La veuve de Biou, quy sera prins... 10

MAGUADAS

« Le s^r de Laffons.................. 2 2 4^d
« Le s^r de Lafabrie................. 2 2 4
« Le s^r de La Vernière............. 2 2 4

LATRIVALE

« Le s^r Sers...................... 1 10

LAMATTE

« Le s^r Bosc...................... 3 3 6

LEDUC

« H^s Pierre Escafit, qui sera prins.... 15
« Guiraud........................ 10

GUARRIGUET

« Le s^r Debrus.................... 2 2 4
« Jean Escafit..................... 10

GRÉSIÈS

« Daniel Durand.................... 10ˢ

VABRE CES^r

« De Lavernhe.....................		15
« Le sʳ Cafiniac	1	10
« Hˢ du sʳ J. Coinfair..............		15
« Le sʳ Cros......................		10
« Hˢ Fosse de Fonpeirègne..........		15
« Le musnier de Pratdouays........		15
« Guilliot de Lavergne.............		10
« Hˢ Galand......................		10
« Estienne Cros du Roquan, quy sera « prins de l'argent des pauvres....		10

D'après ce document, le traitement des pasteurs était fait tout entier par les fidèles, qui payaient des sommes plus ou moins fortes suivant leur situation de fortune. Les anciens du consistoire étaient chargés de recueillir ces cotisations, et lorsque un membre de l'Église ne pouvait pas fournir sa contribution, on la prenait sur la caisse des pauvres, afin que les pasteurs ne fussent en aucun cas privés des modestes gages qu'on leur avait promis. Lorsque les ministres avaient à se rendre aux synodes, ce qui n'était pas rare à cette époque, les Églises devaient leur donner des lettres d'envoi et payer leurs frais de voyage. Enfin, les Églises fournissaient tous les ans une subvention proportionnée à leur importance et destinée à l'entretien de l'Académie où les jeunes gens allaient faire leurs études théologiques en vue du saint ministère.

Le 14 septembre 1679, Tribert et Albert écrivent de Castres à « Monsieur Bourdin, f. m. d. E. à Sénégatz », pour lui parler d'un billet de change de septante trois livres dix-huit sols huit deniers.

Les actes du synode qui se réunit à Réalmont, le 21 septembre 1679, mentionnent Bourdin fils comme ministre de Sénégats.

Le 12 novembre suivant, Charles de Bourdin demanda et obtint sa libération de l'Église de Sénégats. Voici le procès-verbal de cette séance du consistoire :

« Du dimanche douse novembre mil six cent
« septante neuf dans le temple de Sénégats après
« la prière du soir.
« Assemblés en corps d'Église les s^{rs} Bourdin
« et Delmas, ministres, les s^{rs} Jean Debrust,
« Pierre et autre Pierre Bosc, David Martel,
« Pierre Mullie, antiens, acistés de M. Charles
« Debrust, lieu^t, M. Jean Martel, no^{re}, Jean Chab-
« beir, mar^t, Jean Chabbar, tisserand, Pierre

« Puech Caddet, Jean Gualand, David Roquairol et
« autres.

« Led. s^r Bourdin ayant demandé à l'assemblée
« qu'il luy plust luy donner sa libération de ceste
« Église, estant obligé de se retirer ailleurs pour
« diverses considérations,

« Sur quoy la compagnie luy a unanimement
« accordé sa demande, consentant qu'il se pourvoye
« d'Église comme bon luy semblera, priant Dieu de
« luy despartir ses plus st^{es} bénédictions, s'estant
« soubs^{es} ceux qui sçavent.

« Debrust, antien...... Debrust...... Bosc, antien...
« Chabbeir....... Martel.... »

Le jour où fut prise cette importante délibération, il y avait juste deux ans que Charles de Bourdin avait été nommé ministre de Sénégats par le synode de Caussade. Muni de sa libération, il allait se transporter de là au Mas-d'Azil pour aider son vieux père dans l'exercice de ses fonctions pastorales.

CHAPITRE IV

MINISTÈRE DE CHARLES DE BOURDIN AU MAS-D'AZIL

(1679-1685)

Quelque attaché que pût être Charles Bourdin à son Église de Sénégats, il dut éprouver néanmoins une vive joie en revenant au Mas-d'Azil, sa ville natale, où Dieu devait lui permettre de vivre quelques années avec son père, sa mère, Bourdin de Serrelongue, son frère, et Jeanne de Bourdin, sa sœur. C'est vers la fin de 1679 que s'accomplit ce retour au foyer paternel, si réjouissant pour toute la famille.

Le 26 juillet 1680, le syndic du clergé de Rieux fit signifier aux ministres, aux anciens du consistoire, et aux autres habitants de « la religion prétendue réformée du Mas-d'Azil », un acte par lequel il leur défendait, sous les peines sévères portées par les édits, de recevoir à leurs exercices religieux les enfants du sieur Gotty. Il paraît que celui-ci avait abjuré ou fait semblant d'abjurer plusieurs années auparavant, et dès lors ses enfants, tant les filles que les garçons, étaient censés catholiques, « bien que leur mère fît encore profession de la religion prétendue réformée ». Le syndic du clergé de Rieux élut domicile chez « maistre Rosselet, curé du Mas-d'Azil », et Jean Rogé, huissier de Rieux, signifia l'acte dont il s'agit « à Charles Bourdin, ministre du Mas trouvé en personne ».

Le 11 septembre 1680, Jacob Bayle (1), pasteur du Carla, écrit « à Monsieur Bourdin fils, f. M. D. S. E. au Mas-d'Azil », lui donne quelques renseignements sur le voyage qu'il vient de faire à Puylaurens, et ajoute ces lignes : « Je prens la liberté aussy de
« vous envoyer des thèses *de pœna peccati* que j'ay
« soutenuës sous M. Pérés le moix d'aoust dernier.
« Ayés la bonté de les recevoir comme une marque
« de la parfaite considération que j'ay pour vous,
« et en les lisant, faites y vos remarques pour me
« les donner en temps et lieu. Je suis avec une ar-
« dente passion, Monsieur et très honoré cousin,

---

(1) Jean Bayle, pasteur au Carla, d'une famille originaire de Montauban, avait épousé *Jeanne de Bruguière* ou *de Bruyère* dont il eut trois fils : *Jacob*, qui fut le collègue de son père, *Pierre*, l'auteur célèbre du *Dictionnaire historique et critique* (né au Carla le 18 nov. 1647, mort à Rotterdam le 28 déc. 1706), et *Joseph*, surnommé *Du Peyrat*, d'une terre appartenant à sa famille (HAAG : *France prot.*, 3ᵉ partie, page 60).

« vostre très humble et très obéissant serviteur,
« Bayle.

« Je présente mes très humbles obéissances à
« mon oncle vostre père et le prie de lire aussy les
« thèses que je vous envoye à tous deux. Je n'oublie
« pas ma tante et tout le reste de votre maison. »

J'ai entre les mains une autre lettre, écrite peu de temps après par Jean Bayle, et en même temps si aimable et si intéressante, que je ne puis me dispenser de la citer tout entière, après en avoir dit l'occasion. Charles de Bourdin avait un frère, nommé Gaston Bourdin d'Escarpeille, qui mourut à Harfleur, dans la maison du s^r Jacques Haise, bourgeois, après cinq jours de maladie. « Il tomba malade le dimanche premier jour de
« septembre (1680), et décéda le 5e du mesme mois
« à 9 heures du soir, après avoir esté consolé de
« Mr Pégorier, ministre d'Harfleur, visité de tous
« ses amis, secouru de médecin et chirurgien,
« servy par deux femmes à ses frais et despens, et
« en général pourvu de toutes les choses néces-
« saires et requises ». C'est de Lasforgues qui donnait ces détails à son frère « Bourdin fils, m. d. s^t. E. au Mas-d'Azils ». On comprend quelle dut être la douleur des pauvres parents en apprenant une aussi triste nouvelle. C'est alors que Jean Bayle écrivit à Bourdin le père la lettre de condoléance qu'on va lire :

« Monsieur et très cher frère

« Si je pouvois aller à cheval et que mon incom-
« modité ne m'en empêchât, je n'eusse pas manqué
« de vous aller témoigner de vive voix le des-
« plaisir que j'ay de votre affliction et la part que
« j'en prens. Et si mes enfans, qui sont à Mon-
« tauban despuis un mois, eussent esté au pays, ils
« n'eussent pas manqué à ce devoir. Mais ce que
« je n'ay peu faire en présence, je le fais par ma
« plume qui vous fait voir le regret que j'ay de la
« mort d'un de vos fils que Dieu, qui vous l'avoit
« donné, vous a voulu oster. C'estoit un honeste
« homme et qui faisoit honorablement l'employ qu'il
« avoit, mais la mort n'épargne personne et c'est
« le chemin de toute la terre. Comme c'est un coup
« frappé du ciel, aussi c'est au ciel que nous devons
« chercher le remède et la consolation, vous le
« savez aussi bien que moi. Et nous qui consolons
« les autres en leurs afflictions, nous devons aussi
« (nous) consoler en celles qui nous arrivent et
« faire les premiers ce que nous enseignons aux
« autres, nous montrant en exemple de pa-
« tience et de constance chrestienne. Je ne doute
« pas que vous ne le faciez et que vostre fils le
« ministre, bien qu'il ait part à cette affliction, ne

« vous départe ses consolations, et que si le défunt
« vous afflige, celuy-cy et les autres qui vous res-
« tent ne vous consolent. Dieu l'a voulu approcher
« de vous et l'appeler avec vous à la conduite d'une
« mesme Eglise qu'il édifie merveilleusement bien
« et par sa prédication et par sa vie, c'est un tes-
« moignage qui luy est rendu généralement de
« toute l'Église, mais particulièrement de tous ceux
« qui cognoissent les belles choses et qui sont ca-
« pables de juger d'une prédication. Je ne vous
« saurois exprimer la satisfaction et la joye que
« j'ay d'apprendre ces choses. Je prie le Seigneur
« de luy augmenter ses grâces, vous le conserver
« longuement et tous vos autres enfants et par-
« ticulièrement ma cousine votre espouse, et s'il a
« voulu que l'affliction entrât en votre maison, y
« envoyer aussi ses consolations.

« Il semble que je devrois finir icy cette lettre ;
« mais comme vous, ma cousine et toute votre
« maison parmi votre affliction, aurez de la
« joye de la convalescence de mon fils, comme
« il se porte fort bien et mesme qu'il s'est marié
« avec une demoiselle de Garrisson, fille de
« monsieur Isac Garrisson, bourgeois et beau fils
« de feu monsieur Latreille de Villebourbon, j'ay
« cru que j'étois obligé de vous le faire savoir,
« quoique vous en ayez apris quelque chose par le
« bruit qui en court au voisinage, et de vous en

« dire les conditions telles que mon fils me les a
« déclarées. La demoiselle est fort aimable et a
« d'excellentes qualités selon la voix du peuple.
« Elle est fort honeste, fort douce et fort ménagère,
« et il y a sujet d'espérer qu'elle nous donnera
« beaucoup de satisfaction à tous. Elle a voulu un
« ministre et a témoigné beaucoup d'estime pour
« mon fils en un temps où on lui a parlé d'autres
« gens. Elle a fait paroître aussi généreusement
« que Rébecca pour Isâc qu'elle vouloit aller hors
« de son pays pour suivre un mari. J'irai moi, dit
« elle aussi bien que l'autre. On lui donne présen-
« tement 4 mille livres, savoir 2 mille contant, et
« 2 mille avec l'intérêt pour deux ans. De plus on
« l'habillera conformément à sa condition, et on
« lui donnera un ameublement de chambre tel
« qu'il le faut pour elle et pour mon fils. Outre ce
« que l'on donne présentement à ceste demoiselle,
« il y a lieu d'en attendre pour le moins autant
« dans la suite avec le plaisir d'une très grande et
« très belle alliance. Voilà quelles sont les con-
« ditions de ce mariage. Je prie le Seigneur d'y
« répandre sa bénédiction et faire en sorte qu'il lui
« soit salutaire et que j'en voye avant que mourir
« des enfans. Je fais le mesme souhait pour vous
« et pour ma cousine et que vous ayez la con-
« solation de voir bientôt votre fils le ministre
« marié. Je vous fais à tous mes baisemains et

« vous assure que je suis avec ardeur et sincérité,
« Le très humble et très obéissant serviteur,

« Bayle.

« Au Carla ce 22ᵉ 9ʳᵉ 1680 » (1).

Cette charmante lettre nous apprend entre autres choses que Charles de Bourdin n'était pas encore marié à l'époque où elle fut écrite, et qu'on avait une haute idée de ses talents oratoires et de sa piété.

Enfin, un reçu fait par Charles Bourdin prouve qu'il fut pasteur au Mas durant l'année 1680 ; le voici :

« Quittance de Bourdin le fils.

« Je déclare que je suis entièrement satisfait de
« la pension que le consistoire me fait pour l'entretien de mon ministère pour l'année mil six
« cent quatre-vingt, 1680, promettant de ne lui en
« demander jamais rien. Fait au Mas-d'Az. ce 3ᵉ
« avril 1683. Bourd. ministre. »

L'année suivante (1681), son frère de Lasforgues lui écrit à la date du 20 avril pour lui an-

---

(1) Adresse de la lettre : « A Monsieur
Monsieur Bordin le père f. m.
D. S. Ev.
au Mas d'Asils ».

noncer qu'il a quitté Paris, qu'il est passé à Lyon, arrivé à Marseille, et qu'il se rend à Candie où il espère rester auprès de M. Maillet, consul français, par ordre de Bonrepos : il prie son père d'écrire à M. de Laquère (1) pour le remercier.

Le 3 août 1682, un certain d'Aspe écrit de Londres « à Monsieur Bourdin fils, ministre au Mas-d'Azil », pour lui réclamer le payement d'une somme.

Dans son testament daté du 6 août 1682 et retenu par Baron, notaire du Mas-d'Azil, André Bourdin nomme pour son héritier universel et général « Charles Bourdin, ministre du Mas, son fils ayné, légitime et naturel. »

Le 22 février 1683, Desombs, habitant de Saverdun, écrit un petit billet « à monsieur Bourdin fils, ministre au Masdasils », pour lui accuser réception d'une lettre et de la somme de 29 livres.

Parvenu au terme de sa longue et laborieuse carrière, André Bourdin mourut au Mas-d'Azil vers le mois de mai 1683. Dieu, en le retirant à lui, voulut lui épargner la douleur de voir les épreuves qui étaient réservées à son fils et à toute l'Église réformée de France. Charles fut profondément affligé de cette séparation, comme nous le

---

(1) Tristan Dusson, seigneur de Laquère, l'un des fils du célèbre François Dusson.

voyons dans un brouillon de lettre qui n'a ni date ni adresse, mais était probablement destiné à Dusson de Bonrepos; le voici :

« Monsieur, je m'acquitte aujourd'huy d'un de-
« voir que j'ay négligé, et je vous avoue que j'ay
« de la confusion de paroitre si tard devant vous,
« et que si je n'estois persuadé que vous me fairès
« la grâce de me pardonner, je n'oserois plus
« prendre la liberté de vous écrire. Mais lorsque je
« songe que le monde est plein de fâcheux et que
« vous en êtes sans doute obsédé comme tous les
« gens de bien, je reprens cœur et je croy que
« vous me sentés meilleur gré de mon silence que
« vous ne le fairiés de cent lettres pleines de pro-
« testations de service. Vous savés que je suis tout
« à vous d'inclination depuis mon enfance, et ce
« que vous faites si obligeamment pour mon frère
« depuis quelques années m'attache encore très
« étroitem^t à vous par reconnaissance ; faites moy,
« s'il vous plaît, la justice de n'en pas douter, et
« la grâce de m'honorer toujours de votre affec-
« tion. Je vous la demande aussy pour mes frères
« qui sont tous comme moy dévoués à votre ser-
« vice ; c'est une inclination que mon père nous a
« laissée à tous, et comme je say que vous lui
« faisiès l'honneur de lui vouloir du bien, je prens
« l'occasion de vous dire que Dieu l'a retiré depuis

« quatre mois et qu'il nous recommanda avant de
« mourir de vous honorer et de vous servir toute
« notre vie, et je vous promets pour moy et pour
« mes frères que nous le ferons avec beaucoup
« d'ardeur et de zèle dans toutes les occasions.

« J'ay l'honneur d'être ministre du Mas-d'Azil
« depuis quatre ans, et si quelque orage ne m'en
« arrache, j'espère d'y finir mes jours comme mon
« père. On m'a dit que vous voulés bâtir une
« maison...... ce qui me fait croire que vous con-
« servés toujours de l'inclination pour votre patrie
« et que vous y voulés faire un jour votre retraite.
« Si cela est, j'espère de passer des bonnes heures
« auprès de vous, mais où que la Providence m'ap-
« pelle et où que ce soit qu'elle vous retienne,
« j'auray toujours une très forte inclination à vous
« honorer et à vous servir. Je suis.... »

Charles Bourdin désirait finir ses jours au Mas-d'Azil bien plus qu'il ne l'espérait. La fin de sa lettre nous révèle un vague pressentiment de cet orage qui devait l'arracher tout à coup de sa ville natale pour le transporter sur la terre étrangère. Quoi qu'il en soit, voici la réponse qui fut faite à sa lettre :

« De Bonrepos le 13 aoust 1683.

« Monsieur mon cousin

« Bien que mon cousin vostre père fut dans un

« estat où la vie lui estoit à charge, et qu'il jouisse
« présentement de la félicité des prédestinés, je
« n'ay pas laissé d'estre touché très sensiblement
« de sa mort. Je vous suplie d'estre persuadé que
« je conserve toujours pour ceux qui lui appartien-
« nent les mêmes sentiments que j'ay toujours eu
« pour luy et que je m'estimeré très heureux de
« vous le pouvoir témoigner en toute sorte d'o-
« casions. Ma femme vous asseure de la mesme
« chose, et vous suplie d'agréer, et moy aussy, que
« ceste lettre serve pour toute la famille, mais par-
« ticulièrement pour ma cousine vostre mère que
« nous asseurons tous deux de nos respects très
« humbles. Faites moy la grâce de m'aimer tou-
« jours et de croire que je seré toute ma vie avec
« un extrême attachement,

« Monsieur mon cousin,

« Votre très humble et très obéissant serviteur,

« Dusson » (1).

A l'époque où nous sommes parvenus, les Eglises protestantes, de plus en plus persécutées, étaient plongées dans la tristesse et le deuil. Elles éprou-

(1) Adresse :   Monsieur
        Monsieur Bourdin
              au Masdazils.

vèrent le besoin de s'humilier devant Dieu, et le 4 juillet 1683, la pièce suivante fut lue dans le temple du Mas-d'Azil :

« Mes Frères

« Une bonne partie des Eglises de ce royaume
« se trouvant réduites à la dernière désolation par
« la privation de l'exercice public de la religion
« au milieu d'elles, et celles qui subsistent encore
« par la miséricorde de Dieu se voyant menacées
« d'une semblable ruine, et considérant que ces
« tristes et funestes ravages capables d'arracher
« des larmes aux âmes les plus endurcies, sont le
« fruit de nos péchés et de nos impiétés, et c'est
« nous mesmes qui, ayant par notre dureté et par
« notre cœur qui est sans repentence méprisé in-
« solamment les richesses de la bénégnité de Dieu
« et épuisé les trésors de sa patience et de sa lon-
« gue attante, l'avons enfin obligé à exposer Jacob
« au pillage et son cher Israël à la désolation et à
« transporter son chandelier parmi d'autres peu-
« ples qui faironi mieux leur profit de la lumière
« qu'il faisoit depuis long tems briller à nos yeux
« inutilement et à aller cultiver d'autres cœurs qui
« au lieu de grappes sauvages qu'il trouvoit parmi
« nous lui rapporteront de bons fruits dignes de la
« culture spirituelle dont il nous a favorisés jusqu'à

« présent; néantmoins, considérans que les bontés
« du Seigneur sont en grand nombre et que ses
« miséricordes sont par dessus toutes ses œuvres,
« et que lors mesme qu'il est en colère il se sou-
« vient d'avoir compassion, et la protestation qu'il
« nous fait dans les prophètes qu'il ne veut pas la
« mort des pécheurs, mais etc... les Eglises rentrant
« en elles et regardant avec horreur les manque-
« mens de leur vie et le débordement de leurs
« mœurs, la vraye cause de leur malheur, ont
« résolu de s'humilier extraordinairement devant
« Dieu, et de lui témoigner solennellement leur
« contrition et leur repentence de tous les péchés
« par lesquels ils ont irrité les yeux de sa gloire
« et attiré ses fléaux sur eux, en célébrant un jeûne
« extraordinaire dimanche prochain onzième de
« ce mois, et parce que les prières de plusieurs
« fidèles jointes ensemble ont une merveilleuse
« efficace pour appaiser le courroux de Dieu, nous
« avons été conviés à nous joindre à eux pour tra-
« vailler par nos larmes et par nos prières à arra-
« cher à Dieu ces foudres redoutables qu'il tient en
« ses mains et qu'il est pret à lancer sur nous
« comme sur les autres, si nous ne nous repantons.

« La compagnie du consistoire ayant embrassé
« avec ardeur une exhortation si sainte et une oc-
« casion de signaler son zèle et sa piété, vous
« **exhorte par ma bouche** à vous y préparer durant

« le cours de cettte semaine avec tout le soin et
« toute l'application dont vous serès capables, pre-
« mièrement en fréquentant les exercices de piété
« qui se font ici tous les jours ; secondement en pra-
« tiquant exactement la lecture de la parole de
« Dieu et l'usage des prières communes dans nos
« familles, ce que l'on sçait trop être négligé dans
« la plus part, ce qui fait régner une indifférence
« et mesme un mépris extrême pour la piété. En
« troisième lieu vous êtes exhortés à instruire soi-
« gneusement vos enfans et vos domestiques des vé-
« rités et des devoirs de la religion, au lieu de vous
« reposer sur les maîtres qui pour l'ordinaire ne s'en
« acquittent pas avec autant de soin et de zèle qu'il
« seroit à souhaiter et qui ne les mettent pas en
« estat de se défendre contre les objections qui
« leur sont faites, et de faire vos efforts pour les
« former à l'amour de la vérité et de la religion et
« à les détourner par semonces et par châtimens
« des divertissemens et des plaisirs des mondains.
« En quatrième lieu, vous êtes exhortés à bannir
« entièrement le luxe de vos familles et à retran-
« cher la dépense vaine et superflue que l'on fait
« en meubles et en habits et telles autres choses,
« parce que cela fait prendre aux chrétiens un air
« d'orgueil contraire à l'esprit de la religion, et
« consume tout à fait ce qui devroit être employé
« au soutien des pauvres et à l'entretien du sanc-

« tuaire. En cinquième lieu, vous êtes exhortés à
« oster de vos maisons toutes les marques de dis-
« solution, les ivrogneries, les dances et en parti-
« culier le jeu auquel on voit plusieurs personnes
« de l'un et de l'autre sexe attachées avec tant d'ar-
« deur et d'assiduité, qu'ils y passent une bonne
« partie de leur vie et en font tout le sujet de leur
« entretien et de leur commerce, et de faire suc-
« céder aux discours mondains et aux médisances
« qui déshonorent les entretiens de diverses fa-
« milles, des discours et des conversations édi-
« fiantes dont le but principal est de s'entretenir
« et de s'encourager mutuellement dans la pra-
« tique de la piété et dans la profession de la
« vérité. Sixièmement, je vous conjure par l'amour
« de Dieu et par l'intérêt de votre salut de re-
« noncer à l'horreur des blasfèmes, des usures
« et des sales débauches dont il ne vient que trop
« d'exemples scandaleux à la connoissance de la
« compagnie du consistoire et même du corps de
« l'Eglise et du public. Enfin, je vous exhorte à
« vous réconcilier de bonne foy avec vos frères en
« terminant par des moyens amiables et ordi-
« naires les procès, les querelles et les divisions
« qui règnent dans plusieurs maisons, ce qui désole
« les familles et les porte à des actions obliques et
« injustes.

« Si nous nous disposons de cette manière à la

« célébration de ce jeûne et que nous prenions une
« ferme et inviolable résolution de ne nous pas
« relâcher dans les suittes, mais plutôt de nous
« avancer dans le chemin de la conversion, Dieu
« aura sans doute notre humiliation agréable, il
« exaucera nos prières et nous donnera, non ce que
« notre chair et notre sang désire, ni peut être
« tout ce que la nature peut innocemment deman-
« der, mais ce qu'il jugera selon sa sagesse nous
« être nécessaire et salutaire, il faira réussir nos
« afflictions en bien, il sera lui mesme notre pro-
« tecteur, notre consolation, notre joye et notre
« lumière, et pour tout dire en un mot, il
« nous aimera et faira que nous l'aimerons, et
« le servirons jusqu'au dernier de nos soupirs.
« Amen (1). »

Cette instruction pastorale, que nous ne pouvons attribuer qu'à Charles Bourdin, quoique elle ne soit pas signée, est remarquable par son élévation morale et par la piété de son auteur. Le prédicateur considère les afflictions, les tribulations de l'Église comme le fruit de ses désordres, comme le châtiment de ses péchés, et il exhorte ses auditeurs à se dépouiller de tout ce qui peut déplaire aux yeux du Seigneur. Il espère que si les fidèles

(1) Au dos de la pièce : « C'est acte a esté leu dans le temple le 4ᵉ juillet 1683 ».

s'efforcent d'avancer dans la voie de la sanctification et de ne point se relâcher, Dieu sera apaisé à leur égard, fera tourner leurs afflictions à leur profit et deviendra leur protecteur, leur consolateur. Comment des exhortations empreintes d'une si haute spiritualité, d'une si sainte et si chrétienne piété, pouvaient-elles sembler dangereuses pour la tranquillité publique et la prospérité de l'État?

Il faut remarquer aussi que le prédicateur réformé recommande à son auditoire de fréquenter les exercices de piété qui se font tous les jours, de pratiquer exactement la lecture de la parole de Dieu et l'usage des prières communes dans les familles. Il ajoute que la négligence à remplir ces pieux devoirs « fait régner une indifférence et même un mépris extrême pour la piété ». Ces réflexions du moraliste protestant révèlent une observation et une connaissance approfondie de la nature humaine et pourraient trouver leur pleine confirmation dans beaucoup d'expériences de nos jours. Partout où s'introduit la négligence habituelle du culte, de la lecture des Écritures et de la prière, la vie chrétienne ne tarde pas à disparaître ou du moins à s'affaiblir.

Le 8 août 1684, Hespérandieu Lacalm écrit de Castres « à Monsieur Bourdin, ministre au Mas-« d'Azil », pour lui faire son compliment de condoléance sur la mort de son père, André Bourdin, et pour lui reprocher, dans des termes assez vifs, de n'avoir pas encore payé une certaine somme.

L'année suivante pourrait s'appeler, à juste titre, l'*année terrible,* car c'est elle qui vit la *Révocation* de l'édit de Nantes (1685). Déjà depuis bien des années, Louis XIV préludait à cette révocation générale par toute une série de révocations particulières. Une suite ininterrompue d'édits avaient restreint toujours davantage les droits des Réformés, ou, pour mieux dire, les avaient supprimés presque tous l'un après l'autre. Le roi commença par interdire la convocation des synodes nationaux, qui faisaient la force et l'unité de la Réforme française, et il notifia sa décision à celui de Loudun (1659) qui fut le dernier. Il ordonna, la même année, que l'Académie de Montauban fût transférée à Puylaulaurens, ce qui n'était point autre chose qu'une abolition déguisée. Puis vinrent une foule d'édits qui portaient atteinte de mille manières aux droits et aux libertés des Réformés, et devaient, dans la pensée du roi, les décider à rentrer dans le giron de l'Église romaine. Les dragonnades continuèrent l'œuvre ainsi commencée, amenèrent la destruction d'un grand nombre d'Églises, et rétablirent le catholicisme par la violence, notamment dans la province de Béarn (1). C'est alors que Louis XIV, su-

---

(1) A. MICHEL : *Louvois et les Protestants*, p. 83 à 103.

bissant l'influence de Louvois et de Madame de Maintenon (1), qui avait remplacé celle de Colbert, crut qu'il serait facile désormais d'établir l'unité religieuse comme il avait fait triompher l'unité politique la plus absolue. Enivré par les flatteries et trop plein du sentiment de sa grandeur, Louis XIV ne comprit pas que « l'empire de la loi finit où commence l'empire indéfini de la conscience », et le 18 octobre 1685, il signa, à Fontainebleau, un édit qui révoquait celui de Nantes, sous prétexte qu'il n'y avait plus de Protestants en France. Ordre fut donné de démolir tous les temples qui restaient encore debout, défense faite aux Réformés de s'assembler en aucun lieu pour célébrer leur culte. Les dragonnades continuèrent, les violences redoublèrent et amenèrent l'émigration d'un grand nombre de familles protestantes. « Près de 300000 personnes sortirent du royaume, et, parmi elles, 9000 matelots, 12000 soldats et 600 officiers. Un faubourg de Londres se peupla de nos ouvriers les plus habiles ; beaucoup s'établirent à Berlin et dans le Brandebourg. L'étranger s'empara des secrets de notre industrie, sans rivale jusqu'alors. Les réfugiés portèrent dans toute l'Europe leur haine contre Louis XIV. La puissance

---

(1) DE FÉLICE : *Hist. des Prot.*, p. 398 et 399. — Adolphe MICHEL : *Louvois et les Protestants*, p. 13-20.

du roi et la grandeur du pays en reçurent un coup irréparable » (1). En signant ce funeste édit, le roi croyait, sans doute, expier les nombreux scandales que sa conduite avait donnés trop longtemps à la cour et au pays. Sa complaisance à mettre ainsi la force brutale au service du fanatisme, lui mérita les éloges du clergé catholique, et, en particulier, ceux de Bossuet, qui s'écriait dans son Oraison funèbre sur Letellier : « Ne laissons pas cependant de publier ce miracle de nos jours; faisons-en passer le récit aux siècles futurs. Prenez vos plumes sacrées, vous qui composez les annales de l'Église; agiles instruments d'un prompt écrivain et d'une main diligente, hâtez-vous de mettre Louis avec les Constantin et les Théodose..... Nos pères n'avaient pas vu, comme nous, une hérésie invétérée tomber tout à coup; les troupeaux égarés revenir en foule, et nos Églises trop étroites pour les recevoir; leurs faux pasteurs les abandonner sans même en attendre l'ordre, et heureux d'avoir à leur alléguer leur bannissement pour excuse ». L'histoire a fait justice de ces accusations contre les pasteurs huguenots, et l'équitable avenir, déjà venu pour eux, a dit qu'un pareil langage n'était pas digne de Bossuet.

L'édit du 18 octobre 1685 condamna les pasteurs

(1) Duruy.

au bannissement ou à l'abjuration, et leur défendit d'exercer en France aucune fonction, sous peine des galères. Il y en eut environ 700 qui se retirèrent à l'étranger : « Charles Bourdin, ministre de
« ceux de la R. P. R. du Masdasil, quitta la France
« sur l'ordre général donné par Sa Majesté à tous
« les ministres de cette religion, de sortir du
« royaume dans 15 jours ». Nous allons le suivre dans son exil.

CHAPITRE V

EXIL DE C. BOURDIN EN SUISSE A LA RÉVOCATION

(1685-1707)

Sommé de sortir de France sous les menaces les plus sévères, Charles de Bourdin obéit à l'édit de Révocation, et se sépara, le cœur navré, d'une Église qu'il avait édifiée tant par sa prédication que par sa vie, et d'une mère qu'il aimait et qu'il ne devait revoir qu'au ciel. Ainsi se réalisait le triste pressentiment qui depuis longtemps étreignait son cœur et qu'il exprimait d'une manière si touchante en disant à Dusson de Bonrepos qu'il voulait, comme son père, finir ses jours au Mas-d'Azil, si quelque orage ne venait l'en arracher. Obligé de renoncer aux objets de sa plus tendre affection ou à sa foi religieuse, contraint par la force brutale de choisir entre l'exil et l'abjuration, Bourdin n'hésita pas, il choisit l'exil. Prêt à tous les sacrifices pour la cause de Jésus-Christ, le pasteur huguenot se dirigea vers la Suisse, cette terre de liberté qui devint pour lui comme pour tant d'autres une nouvelle patrie. C'est à Bex-Aigle, dans le canton de Vaud, qu'il s'établit et qu'il continua, durant vingt-deux ans, les fonctions de son ministère au sein d'une Église qui comptait un grand nombre de réfugiés.

Nous n'avons que peu de détails sur cette période importante de sa vie. Tout ce que nous en savons se trouve consigné dans trois lettres de Charles Bourdin qu'il importe par cela même de citer tout entières. Voici la première qu'il adressa à son frère Bourdin de Serrelongue, resté au Mas-d'Azil :

« A Bex ce $\frac{2}{12}$ avril 1697.

« Ta lettre, mon cher frère, m'a percé le cœur,
« car bien que depuis longtems j'appréhendasse et
« que j'attendisse la triste nouvelle que ta der-
« nière lettre m'a apprise, je ne laissois pas pour-
« tant d'espérer que Dieu me fairoit la grâce de
« revoir ma très-honorée mère, et cette espérance
« faisoit une partie de ma consolation dans mon
« exil. Mais puisqu'il a pleu à Dieu d'en disposer
« autrement, c'est à nous à adorer sa providence
« et à porter constamment notre croix : ma mère
« n'était pas immortelle, et nous ne le sommes pas

« non plus, nous nous reverrons dans le ciel
« quand Dieu nous y eslèvera comme il l'y a es-
« levée. Tu m'aurois fort consolé si tu m'eusses
« informé du lieu où tu l'as faite enterrer, car
« puisque sa maladie a esté courte et qu'elle est
« morte, à ce que je comprends par ta lettre, d'une
« apoplexie, je crois aussi que Rosselet (1) n'est
« pas allé troubler le repos de son esprit et qu'elle
« n'a pas eu cette mortification à sa dernière heure.
« Je te prie de m'apprendre ces particularités.

« Cependant je te prie d'en bien user avec ma
« sœur et de gouverner avec précaution et sagesse
« le peu de bien que nos parans nous ont laissé.
« Si tu n'estois pas un homme de quarante deux
« ans, je te donnerois mes avis, mais je te croi en
« estat de donner conseil aux autres, ainsi fais au
« mieux fait, je me repose sur toy et sur ta vertu.
« S'il plaît à Dieu de nous donner une paix selon
« notre souhait, nous sortirons de tout, et nous
« remettrons notre maison ; mais s'il en arrive
« autrement, je désire que tu lèves le picquet et
« que tu me viennes joindre ; Dieu ne nous aban-
« donnera jamais. Cependant il ne faut pas né-
« gliger ni mépriser les voyes de la prudance
« humaine pour emporter tout ce que tu pourras ;

(1) Rosselet, curé du Mas-d'Azil, ardent convertisseur
(O. de G.).

« ainsi il faut à l'avance battre en retraite et ne
« faire que la dépense indispensable. Si le séjour
« de la ville t'est moins à charge que celui de la
« campagne, demeures-y ; sinon, tien toy à la
« campagne et fai de l'argeant de tout ce que tu
« pourras ; surtout il faut se deffaire de tous les
« meubles inutiles, et serviteur aux visites qui ne
« font que nous miner insensiblement. Je ne t'en
« dis pas davantage, tu as du sens, mets le en
« pratique. Après cela, fais mes complimens à
« tous nos bons parens et amis. Ma tante et ma
« femme te saluent et embrassent mille fois. Mes
« enfans sont en assés bon estat. Je suis tout à toy
« et de tout mon cœur.

« Bourdin.

« Ma cousine de Saintenac te salue ; ta lettre a
« essuyé les larmes qu'elle répandoit depuis un
« mois pour mon cousin son fils ; elle le croyait
« mort ou très malade. En vérité, il a tort de ne
« lui écrire pas au moins une fois le mois ; je le
« salue de tout mon cœur.

« J'écris à mon oncle par le respect que nous
« lui devons tous, consulte le comme un père (1).

(1) Adresse : « A Lyon pour Toulouse. A Monsieur Monsieur Bourdin au Masdazil en Foix, par Toulouse — De Suisse ».

Il y avait déjà douze ans que Charles Bourdin n'avait pas revu sa mère lorsqu'il reçut cette nouvelle de sa mort qui lui perça le cœur. Il est touchant de l'entendre parler de la vie à venir et dire avec la simplicité d'une foi sincère et profonde : « Nous nous reverrons dans le ciel ».

Cette lettre nous prouve encore que le pasteur réfugié ne cessa jamais d'aimer sa patrie, quoique il en eût reçu un rigoureux traitement. Il espérait que la paix, une fois conclue entre la France et les autres puissances belligérantes, il lui serait permis de revenir dans son pays natal et de revoir les membres de sa famille qui vivaient encore. Mais ce n'était là qu'une illusion ; il en eût trop coûté à l'orgueil de Louis XIV de reconnaître qu'il s'était trompé et de proclamer dans son royaume cette liberté de religion qu'il avait si cruellement proscrite : tous les despotismes se croient infaillibles ou veulent passer pour tels.

Il importe enfin de remarquer que la famille de Saintenac, parente de celle des Bourdin, était protestante, et qu'elle a fourni son contingent de réfugiés avant qu'une prudence charnelle et mondaine lui fît abandonner la cause de l'Évangile pour embrasser la religion du roi.

Trois ans plus tard, Charles Bourdin écrivait une autre lettre qui nous apprend encore une mort, celle de son oncle de Larbont, probablement le frère de sa mère ; la voici :

« A Bex ce $\dfrac{\text{1}^{\text{r}}\text{ avril}}{\text{10}^{\text{e}}\text{ en France}}$ 1700.

« J'ay été fort aise, mon très cher frère, d'ap-
« prendre que vous vous portés bien, toy et ma
« sœur, car je suis en de continuelles transes pour
« vous, et je ne cesse de vous recommander à
« Dieu tous deux par mes prières. J'apprens avec
« douleur que vous êtes toujours maltraités et in-
« quiétés ; mais il faut louer Dieu de tout, qui
« permet toutes ces horreurs pour des raisons
« connues à sa sagesse et pour vostre humiliation.
« Vous verrés la fin de vos maux lorsque par
« vostre repentance et par une sainte vie vous
« mettrés Dieu de vostre côté (1). La mort de mon
« bon oncle de Larbont m'a extrêmement affligé,
« mais je regarde la mort subite qui l'a enlevé de
« la terre comme une marque de l'amour de Dieu
« qui l'a voulu garantir par là des importunes
« sollicitations de ses persécuteurs les ministres du
« démon. Il fit la même grâce à notre bonne mère

(1) Cette phrase exprime la pensée mère de *l'Instruction pastorale* que j'ai déjà citée.

« qui fût recueillie en paix sans en voir aucun. Je
« souhaite une semblable fin à tous ceux qui ai-
« ment la vérité et qui ont espérance en Jésus-
« Christ. J'escris à mon cousin de Larbont et je
« te prie de lui faire rendre l'incluse. Je te prie de
« faire voir à Monsieur Moussou en secret que je
« le salue très étroitement et que je l'assure que
« M^r son fils est très honête homme et en bonne
« estime, et qu'il mérite un tout autre traitement
« que celui qu'il lui a fait jusqu'ici, et que je
« souhaite qu'il en use avec lui en père qui n'a
« qu'un fils qui lui fait honneur. Il trouve un parti
« fort raisonable d'une fille de bonne famille ré-
« fugiée dans le même lieu que lui, bien faite de
« sa personne et d'une piété distinguée et qui a
« 2400^l en banque dans ce païs. Si Mr Moussou eut
« eu cent pistoles à produire, il seroit déjà marié
« avec elle; mais ceux qui traitoint ce mariage,
« n'ayant veu de son costé que des promesses et
« des espérances verbales du costé de son père, se
« sont rebutés et ont laissé l'affaire au croq.
« Mr Moussou doibt faire son conte que s'il vient
« à mourir, son fils n'aura jamais rien de sa mai-
« son, car son beau frère s'emparera de tout en
« bon papiste. Ainsi le meilleur est que Mr Moussou
« batte en retraite, qu'il envoye tous les jours à
« son fils tout ce qu'il pourra et qu'il s'en vienne
« lui mesme enfin finir ses jours auprès de lui;

« c'est à quoy il doit se déterminer en bon père et
« en bon chrétien. Le plutôt sera le meilleur et le
« plus seur, car Mr Moussou est déjà vieux, car il
« me souvient qu'il m'a eu donné le fouët il y a
« 48 ans et il en avoit bien 25 en ce tems là. Son
« fils est aussi vieux garçon, car il a 38 ou 40 ans,
« et cependant il a le mal de cœur de voir que son
« père ne travaille pas à lui procurer un établisse-
« ment. Je le prie de bien penser à tout cela et de
« prendre en bonne part l'avis et le conseil que je
« lui donne comme son pasteur et son ami sincère.

« Je te prie aussi de dire en particulier, et tu
« l'envoyeras quérir chés toy pour cela, à l'au-
« lette d'Arnaussens, que son fils est arrivé dans
« ce lieu il y a environ un mois. Je l'ay caressé
« comme je le devois et l'ayant trouvé un peu
« volage, je l'ay réprimandé, et il m'a promis
« d'estre sage. Le chevalier lui a donné du travail,
« mais ayant trouvé qu'il n'entendoit que très peu
« de chose à son mestier, il a falu qu'il se soit
« soumis à faire son apprantissage. Pour cet ef-
« fect le chevalier, de sa bonne amitié et sur
« nostre sollicitation, l'a pris pour apprenti moyen-
« nant la somme de douze escus dont je lui ay ré-
« pondu et deux ans de service. Cette somme est
« très modique, car les apprentis donnent cent
« écus dans ce païs. Ainsi tu lui diras que je la
« salue de très bon cœur et que je la prie de tra-

« vailler à l'inceu de son mari à emprunter à
« Mr Lavaur ou à quelque autre une centaine de
« livres sur sa maison et son autre bien, affin
« qu'il puisse estre habillé et entretenu en cas de
« nécessité, et qu'elle me les envoye à moy affin
« de les lui dispenser à sa nécessité et dans le be-
« soin. Peut être ce fils lui sera un jour une re-
« traite chés qui elle pourra venir finir ses jours;
« au moins elle aura la consolation d'avoir fait
« son devoir à son égard en bonne mère chrétienne.

« Tu diras à Chevalier que je le salue tendre-
« ment, que son fils et son petit fils et sa belle fille
« se portent très bien et sont en prospérité. Son
« fils se plaint de lui de ce qu'il ne lui écrit pas de
« tems en tems; il ne doibt pas craindre que le
« port des lettres l'incomode, car il est affamé de
« recevoir des lettres de son père, ne pouvant pas
« avoir la consolation de recevoir son père en per-
« sonne qui est la chose du monde qu'il désire le
« plus. Il fait très bien ses affaires et il a gagné
« plus de 2000^l.

« Je te prie de faire voir à mon cousin Descaig
« que son apostille nous a fait à tous mille plai-
« sirs ; nous l'aimons et le saluons tous de tout
« notre cœur avec toute sa maison. Tu feras, s'il
« te plaît, les mesmes protestations à mes cousins
« de Garaud et à mes cousins et cousines d'Huillet :

« nous faisons mille vœux pour leur conservation
« et prospérité.

« Dis à mon cousin Saintenac que ma cousine sa
« mère se porte bien et qu'elle attend incessamment
« qu'il lui envoye ce que Mr de Larbont lui a baillé
« pour elle ; je lui présente mes très humbles ser-
« vices.

« J'ambrasse mille fois monsieur Beillard malgré
« son indifférence. Je croi que Mr Gallès est bien
« mieux ; asseuré (le) de toute mon amitié, et tou-
« tes les autres personnes que tu sais qui me tien-
« nent au cœur.

« Toutes mes femmes (1) vous aiment et vous
« saluent aussi bien que moy. Adieu, mon cher
« frère et ma chère sœur, je suis tout à vous.

« B.... »

On voit par cette lettre qu'il y avait à Bex-Aigle un grand nombre de réfugiés du Mas-d'Azil et des environs, et que Bourdin s'en occupait avec une sollicitude toute paternelle. Ce sont pourtant des chrétiens comme lui que Bossuet, richement doté à la cour de Louis XIV, appelait de « faux pasteurs ! »

Citons enfin la dernière lettre qui nous ait été conservée de toutes celles que Charles de Bourdin

---

(1) Bourdin avait avec lui sa femme, sa belle-mère et ses deux filles (O. de G.).

écrivit du canton de Vaud à son frère Bourdin de Serrelongue :

« A Aygle ce 30ᵉ aoust 1706.

« Enfin, mon cher frère, je réponds à ta lettre
« du 20 mars et à celle du 4ᵉ d'aoust que je receux
« hier au soir et avec elle la nouvelle que les 110¹
« sont à Genève où je les conte comme dans ma
« bource. Il y a déjà un mois que je receux aussi
« le pacquet et ma robe qui m'ont coûté 16¹ de
« port, ce qui n'empêche pas que je n'en aye eu un
« plaisir très sensible ; je voy par là que bon sang
« ne peut mentir, comme dit le proverbe ; je t'en
« suis obligé et t'en remercie de grand cœur, mes en-
« fans en triomphent et te souhaittent comme à ma
« sœur mille bénédictions de mesme que ma femme.
« Toutes les nouvelles que tu m'as données m'ont
« fait du plaisir à cause de leur singularité, je
« plains pourtant beaucoup ceux qui sont à plain-
« dre. J'avais déjà appris la mort de mes cousins
« d'Huillet et de Miramont, et je te prie d'assurer
« leurs maisons que nous participons tous à la dou-
« leur qu'ils en ressentent et prions le seigneur pour
« la conservation de ceux qui restent. Je ressens
« vivement la perte de mon cousin de Larbont
« et celle du fils de monsieur Beillard. Je ne croy
« pas qu'il reste plus de la famille de Larbont que
« mon cousin ; je te prie de le saluer très affec-

« tueusement de ma part avec ma tante et ma
« cousine. Je demande de tout mon cœur à Dieu
« qu'il veuille bénir leur lict et leur donner des
« enfants. Je te prie de faire voir à M. Beillard
« que bien qu'il semble m'avoir entièrement oublié
« depuis vingt ans, je ne laisse pas d'estre son plus
« fidèle ami et que je participe à sa juste douleur
« comme lui même; je l'embrasse de tout mon
« cœur et souhaite une bonne fortune à son fils et
« à toute sa chère famille : le sort de la guerre est
« d'emporter aujourd'hui l'un et demain l'autre.
« Je ne doute pas que vous ne souffriés beaucoup
« de traverses en France et je vous souhaite bonne
« patiance. Par la grâce du Seigneur, nous jouis-
« sons dans ce païs d'un calme et d'une tranquil-
« lité inexprimable, quoy qu'environnés de tous
« côtés d'armées et de peuples malheureux. Je te
« prie d'avoir soin de ta santé et de celle de ma
« sœur que j'embrasse mille fois de même que ma
« femme et ma tante qui est dans sa 82e année et
« qui se porte comme elle se portait il y a trente
« ans. J'achèverai dans 16 jours ma soixantième
« année, mais je suis plus vieux et plus cassé
« qu'elle. Mon fils n'est pas robuste, ce qui m'af-
« flige, mais les fillettes le sont beaucoup.

« Je te prie d'assurer de nostre amitié et de
« nostre estime toute nostre parenté, et en parti-
« culier mon cousin et mes cousines d'Huillet, mes

« cousins et mes cousines d'Escaig et de Garaud de
« Gabre, de Saintenac sans jamais oublier l'illustre
« Magnague. Je salue tendrement monsieur Dou-
« menc et sa chère famille, Mrs Galès, Crouset et
« autres mes bons et chers amis. Je salue fortement
« Mr Moussou et lui souhaitte santé; il verra par
« la lettre de M^r son fils qu'il est très honête homme
« et qu'il mérite qu'il se souvienne de lui mieux
« qu'il n'a fait jusqu'ici, et c'est à quoy je l'exhorte
« autant que je le puis et le doibs. Ecri moy sou-
« vent et n'espargne pas ton papier, car tes lettres
« me font un plaisir extrême. Aime ma sœur,
« aimés vous tous deux, peut être que Dieu nous
« fera la grâce de nous revoir, amen. Adieu, encore
« un coup, aime moi comme je t'aime,

« Bourdin.

« J'ay la lettre du s^r Moussou depuis long tems,
« mais je n'ay pas voulu l'envoyer plutôt parce que
« je voulais te donner avis de la réception des
« choses, sa lettre du 18 avril où il te conjure de
« veiller pour lui auprès de son père; il est très
« honête, et il a une des plus honêtes femmes du
« monde et de bonne maison » (1).

(1) Adresse : « A Lyon pour Toulouse.
A Monsieur
Monsieur Bourdin de Serrelongue
au Mas dazil en Foix par Toulouse.
A Toulouse pour le Mas dazil. »

Charles de Bourdin continuait ainsi à s'occuper, avec un touchant dévouement, de ses coreligionnaires réfugiés. Il recommandait aux soins affectueux de son frère, sa sœur, Jeanne de Bourdin, qu'il aimait avec tendresse, et ne pouvait se défendre, malgré sa confiance en Dieu, de quelques soucis sur l'avenir de ses trois enfants. Jusqu'à la fin de sa carrière, il nourrit dans son cœur l'espoir de revenir au Mas-d'Azil et d'y revoir les divers membres de sa famille qui vivaient encore. Comme les Juifs qui pleuraient près du fleuve de Babylone à la pensée de Sion, Charles Bourdin, pénétré des sentiments du plus pur patriotisme, se souvenait avec tristesse de son pays et pouvait dire à son tour : « Si je t'oublie, Jérusalem, que ma droite s'oublie elle-même! Que ma langue soit attachée à mon palais, si je ne me souviens de toi! » (1). Mais les voies de Dieu ne sont pas nos voies, ni ses pensées nos pensées : il ne fut pas donné au pasteur réfugié de retourner dans sa patrie; l'espoir qu'il avait de revoir les siens ne devait se réaliser que dans le ciel.

(1) Ps. CXXXVII, 5, 6.

CHAPITRE VI.

MORT DE C. BOURDIN DANS LE CANTON DE VAUD

(16 mars 1707)

Charles de Bourdin vivait depuis vingt-deux ans sur la terre d'exil avec sa famille, lorsque le Seigneur jugea bon de le faire entrer dans la patrie éternelle où le repos nous attend ; il mourut à Bex-Aigle, dans le canton de Vaud, le 16 mars 1707, à l'âge de 61 ans. Nous allons reproduire deux lettres qui nous parlent de cette mort et qui seront la meilleure oraison funèbre qu'on puisse faire de ce serviteur de Dieu. La première est adressée à Bourdin de Serrelongue, frère du défunt, qui résidait au Mas-d'Azil :

Monsieur,

« Ce n'est pas sans une extrême douleur et avec
« une affliction très amère que je vous aprens la
« mort de monsieur votre frère, mon pasteur et
« mon bon amy, qui est décédé le seiziesme du
« présent moys. Je me donné l'honneur de l'aller
« voir une douzaine de jours avant sa mort ; je le
« trouvé sy mal, que je ne l'abandonné pas jusques à sa fin. La nuit par avant sa mort, il me

« dit qu'il vouloit vous escrire, et que je serois son
« secrétaire, et cella pour vous dire à Dieu, comme
« aussy à tous ses parans et à toute son Eglize,
« pour laquelle il n'a jamais cessé de prier le bon
« Dieu qu'il vous retirât à tous des grifes de nos
« ennemis, et pour vous prier de n'écrire jamais
« à ses enfans pour aller en France, et en même
« temps, quoy que loin, de leur servir de père par
« vos bonnes instructions, par vos lettres. Il nous
« dit qu'il mouroit persuadé que vous ne manque-
« riés pas à votre devoir envers ses enfans, que
« vous leur feriés tout le bien possible ; c'est dans
« cette espérance qu'il est mort tout à fait content.
« Ses pauvres orphelins sont tout à fait aymables,
« le garçon est tout gentil, et quy se sent d'où il
« est sorty. Je croy qu'il n'est pas besoin de vous
« dire ce que vous devez faire, vous êtes trop hon-
« nête homme pour manquer à un sy grand devoir.
« Mad^{elle} de Bourdin est d'une affliction inexprima-
« mable comme aussy Mad^{elle} de Gauside; Dieu
« veuille les consoler par sa sagesse, et nous con-
« soller à tous. Monsr Bourdin est généralement
« regrété de tous ceux qui ont eu l'honneur de le
« connoître ; toute son Eglise est dans des larmes
« continuelles d'avoir perdu leur pasteur ; vous ne
« sauriés croire combien il estoit aymé dans ce
« païs des grans et des petits. Je vous prie encore
« un coup, mon cher monsieur, n'oubliez pas ses

« pauvres enfans, souvenés vous qu'ils sont fils
« d'un frère quy méritoit beaucoup. Pour moy je
« feray tout ce qu'il se pourra pour leur bien et
« leur avantage, c'est de quoy je vous prie (d'être)
« persuadé. Jé apris avec plaisir le mariage de
« Mad^{elle} votre sœur avec St Pol Dambois. Sy la
« la lettre quy nous l'a appris estoit arrivée quatre
« jours plustot, mons^r votre frère en auroit seu la
« nouvelle, et je ne doute pas que ce mariage ne
« luy eût fait beaucoup de plaisir. Je prends grand
« part a tout ce quy regarde la famille soit dans
« l'affliction qu'à la joie. Faites, s'il vous plaît,
« mes salutations à tous ceux de chés moy comme
« aussy à tous mes parens, et surtout à M^r le che-
« valier de Langlois; je ne luy écris pas, parce
« qu'il n'a pas long temps que je lui ay escrit; je
« le prie de se souvenir de moy. Mes respects, s'il
« vous plaît, à Mad^{elle} Annète Dhuilet à quy je suis
« comme à vous,

« Monsieur,
« Votre très humble et très obéissant serviteur,
« Desvinals.

« A Bex ce 26e mars 1707 (1). »

(1) Adresse : « Pour Tholouse.
Monsieur
Monsieur Bourdin de
Serrelongue,
au Maz dasils ».

Cette touchante lettre trouve sa confirmation dans une autre qui fut écrite à Bourdin de Serrelongue sur le même sujet et dont voici la teneur :

Monsieur,

« Monsieur votre frère ayant randue l'âme à
« Dieu le 16ᵉ de ce mois en suitte d'une idropisie
« d'environ six mois et d'une opression de poitrine
« dont il avait été toujours atteint, nous randîmes les
« derniers devoirs à son corps le 17ᵉ, ayant été en-
« terré dans le temple de son Église où il fut ac-
« compagné, et amèrement pluré par tout le trou-
« peau qui luy avoit été commis quy ne cesse de
« dire que sa perte est irréparable. Son mérite dis-
« tingué ne luy avoit sulement pas attiré celuy de
« ceux-cy, mais généralement de tous ceux, et par-
« ticulièrement des personnes les plus distinguées,
« de quy il avoit l'honneur d'être conneu, quy le
« regrettent véritablement. Je say, Monsieur, que
« Monʳ des Vinals que j'avois prié de vous écrire
« cette triste nouvelle l'a fait à cause d'un voyage
« que je fus obligé de faire incessamment, et que
« je ne fais que renouveler votre douleur ; mais
« comme je la partage avec vous, et que je suis,
« sans faire tort à personne, le plus vivement tou-
« ché de sa perte, permettés moy, s. v. p., Mon-
« sieur, que je vous assure de cette constante vérité,

« et que je joigne mes prières à celles du défunt
« dans ces derniers jours, en vous priant de ne pas
« oublier sa famille consistant en un fils de 13 ans,
« deux filles, l'une d'onze, et l'autre de 9, une belle
« mère de 82, et une veuve digne d'admiration par
« sa vertu et par sa sagesse, vous assurant que de
« mon côté je ne m'épargneray jamais pour contri-
« buer autant qu'il dépendra de moy à leur conso-
« solation et à leur avancement.

« Je receus, Monsieur, le 18e étant en voyage
« une lettre du pays du 3e quy m'apprant le ma-
« riage de Mad^{lle} votre sœur avec Mon^r de St Paul
« Dambois ; je la prie d'agréer, après mes justes
« condoléances sur la mort de Monsieur votre
« frère, mes félicitations les plus sincères, et que
« j'aye l'honneur de luy dire comme à vous que je
« suis, avec la considération et l'estime la plus
« parfaite,

« Monsieur,

« Votre très humble et très obéissant serviteur,

« Barbe.

« A Bex Rière Aygle en Suisse ce 31e mars 1707 » (1).

(1) Adresse : « A Lion p^r Toulouse.
A Monsieur
Monsieur Bourdin & c.
au Mas d'asil ».

Charles de Bourdin mourut ainsi dans la paix, fruit et récompense de son attachement à l'Évangile, de sa longue et inébranlable fidélité chrétienne. L'expérience démontre par là que la parole de Dieu a raison de nous dire (Ps. 37/37) : « Prends garde à l'homme intègre et considère l'homme droit, car la fin d'un tel homme est la paix ». Dieu veuille graver de plus en plus cette vérité dans nos cœurs, afin que nous mourions de la mort des justes et que notre fin soit semblable à la leur !

CHAPITRE VII

MARIE DE GAUSIDE, VEUVE DE C. BOURDIN
ET SES TROIS ENFANTS

(1707 à 1726)

En mourant, Charles de Bourdin laissa une veuve et trois enfants. Sa veuve s'appelait Marie de Gauside, et appartenait probablement à la famille des Gauside qui furent pasteurs de l'Église réformée de Mazères. Dans une de ses lettres, datée du 5 juillet 1707, elle nous fait connaître la date approximative de son mariage avec Charles Bourdin, en disant qu'elle était restée dix-sept ans avec son mari, ce qui nous ramène à l'an 1690 environ. A cette époque, Bourdin était dans le canton de Vaud depuis cinq ans; il est donc naturel de supposer que Marie Gauside s'était réfugiée en Suisse avec sa mère pour cause de religion.

Vers l'an 1694, Bourdin et sa femme eurent un fils, deux ans après une fille, et enfin une autre fille deux ans plus tard. Nous avons vu, par une lettre déjà citée, que le fils n'avait pas un tempérament robuste, ce qui inspirait des inquiétudes à son père, mais que les deux filles jouissaient d'une excellente santé.

Le 16 mars 1707, jour de la mort de Bourdin, son fils était âgé de 13 ans, sa fille aînée de onze, l'autre de neuf, et sa belle-mère de 82 ans. Toute cette famille fut plongée dans la tristesse et la douleur par la perte de son chef et de son protecteur naturel. Voici dans quels termes la veuve et son fils écrivaient à Bourdin de Serrelongue, frère du défunt :

« Monsieur mon très cher frère

« Je ne saurais assez vous exprimer le triste état
« où la mort de mon pauvre mari m'a réduite; je
« fais tout mon possible pour adoucir mon amer-
« tume. Nous avons passé dix-sept années ensem-
« ble avec une tranquillité la plus grande du monde,
« il me sembble que je suis tombée des nues. Je
« demande avec ardeur à Dieu la consolation qui
« m'est nécessaire et un esprit tranquille et soumis
« à sa volonté en toutes choses et la conduite de son
« bon Esprit; et pour mes pauvres enfants leur père
« a manqué au grand besoin selon le monde, c'est
« assuré qu'ils ont le plus de besoin d'éducation;
« mais je sais que Dieu est le père des enfants or-
« phelins et le mari des femmes veuves, il y pour-

« voira selon sa sagesse et sa grande miséricorde.
« Je ne doute pas que vous ne soyez sensiblement
« touché, mon très cher frère, de la mort de votre
« frère, il vous aimait tendrement et vous faisait
« honneur; je vous prie de m'aimer toujours pour
« l'amour de lui. Vous êtes honnête et généreux,
« je suis persuadée que vous agirez comme un
« bon père à l'égard de mes enfants, vous êtes tout
« notre refuge. J'ai toutes les obligations du monde
« à M^r des Vignauls et à Mr Barbe ; j'ai choisi l'en-
« droit où ils se tiennent pour y faire ma résidence.
« Adieu, mon cher frère, je vous souhaite le bon
« soir et suis,
  « Monsieur,
« Votre très humble et très obéissante servante,
  « M. de Gauside de Bourdin.

« Ma mère vous salue très humblement à tous et
« mes filles en font de même. — Je ne doute pas,
« ma très chère sœur, que vous ne soyez pénétrée
« de douleur d'avoir perdu un frère si bon en votre
« égard, et que vous ne soyez sensiblement tou-
« chée de mon pauvre état et de ma famille; priez
« Dieu pour notre conduite. Je vous félicite de
« votre mariage, je vous souhaite mille bénédic-
« tions et à mon cousin votre époux, et suis de l'un
« et de l'autre votre très humble et très obéissante
« servante,
  « M. de Gauside. »

« Monsieur mon oncle

« Je n'aurois pas tant tardé à vous écrire pour
« vous donner de mes nouvelles parce que depuis
« la mort de mon père nous avons tous été dans
« une grande consternation. Il me faut apprandre
« de bon heure à me soumaitre à la volonté de
« Dieu. Je vous prie de m'être toujours favorable
« et prier Dieu pour ma conduite. Au reste, je
« salue très humblement Mademoiselle ma tante et
« la félicite de son mariage, et je la prie de m'ai-
« mer toujours. Je salue aussi très humblement
« Monsieur son époux. Je demeure avec un pro-
« fond respect,
   « Monsieur mon oncle,
« Votre très humble et très obéissant serviteur,

« C. Bourdin.

« A Bex ce 5ᵉ juillet 1707 » (1).

(1) Adresse : « A Lion pour Toulouse, de Suisse.
           A Monsieur
           Monsieur Bourdin
           de Serrelongue au Mas
           dazils
        A Toulouse pour le Masdazils.

On ne saurait s'empêcher d'être touché en lisant ces lettres où s'exhale, d'une manière si pieuse et si résignée, la douleur de la veuve et de l'orphelin.

Le 22 octobre 1708, Marie de Gauside écrivait à son beau-frère Bourdin de Serrelongue, lui annonçait que son fils était à Vevay et traçait pour lui ces lignes qu'on ne saurait lire sans émotion :
« Je suis dans une continuelle affliction depuis que
« Dieu a retiré une partie de moi-même à soi;
« j'en ai pour toute ma vie à pleurer et soupirer.
« Mais Dieu me fait cette grâce de reconnaître
« qu'il est bon et la bonté même, et qu'il a trouvé
« à propos de me faire passer par cette épreuve
« afin de me détacher de cette terre et d'élever
« mon âme à Dieu. Je lui demande avec ardeur
« la conduite de son bon Esprit et pour mes pau-
« vres enfants; j'appréhende de ne les pouvoir pas
« faire élever selon leur condition, je les aime
« tendrement et les regarde avec mal au cœur.
« Tant que leur père vivait, je ne m'étonnais
« point, il avait assez d'adresse et d'amis pour
« donner ordre à tout; à présent je ne puis le
« faire qu'il ne m'en coûte beaucoup ».

Une lettre, datée du 4 juillet 1709, nous donne de nouveaux renseignements sur Marie de Gauside et ses enfants. La veuve inconsolable remercie son beau-frère des secours qu'elle en a reçus, lui annonce que son fils est toujours à Vevay, et elle ajoute : « Je crois que vous serez bien aise de « savoir que leurs Excellences me font une petite « pension. Comme la coutume de ce pays est de « donner un petit secours aux veuves des ministres « du pays tant qu'elles portent le nom de leur « mari, on m'a mise du nombre. On donne tous « les ans deux sacs de froment et deux d'avoine et « trois écus blancs : c'est peu de chose, mais je « loue Dieu de tout mon cœur de ce qu'on me « traite comme celles du pays ». On voit que chez les chrétiens de la Suisse les habitudes de généreuse hospitalité ne datent pas de nos jours.

Le 27e avril 1710, le jeune Bourdin écrit une lettre de condoléance à sa tante d'Amboix, dont le mari, Paul d'Amboix, était mort à Pradals le 27 juin 1709. Il ajoute ensuite ces mots : « Nous « attendons avec impatience que la paix se fasse, « croyant que si elle se fait les réfugiés pourront « en liberté aller et venir en France. Si cela est, « j'espère avec l'aide de Dieu de vous aller embrasser comme ma mère me promit, et je vous « dirai de vive voix qu'il n'y a personne au monde « qui me soit si chère que vous et pour qui j'aie « plus de considération, ce qui me cause une joie « que je ne vous saurais exprimer ».

Dans une lettre du 5 août 1710, le jeune Bourdin annonce la mort de Madame Saintenac, qui était très liée avec Marie de Gauside, et se plaint de M. Saintenac, qui semble n'être pas disposé à payer les dettes de sa mère; il raconte ensuite un incendie qui s'est produit à Latour, a consumé une maison, occasionné la démolition d'une autre, et fait courir le plus grand danger à toute la ville de Vevay. Il parle de M. Narbonne et M. Tartannac, noms bien connus dans le comté de Foix.

Le 18 mai 1711, S. Delor, receveur de la bourse des pauvres réfugiés, donne reçu à Bourdin de la somme de cinquante livres tournois, à-compte de la somme de soixante livres léguée par Mme Saintenac.

Le 1er octobre 1712, la veuve de Charles Bourdin reçoit à Bexrière-Aigle la somme de cent-vingt livres qui lui est envoyée du Mas-d'Azil. Le 29 novembre de la même année, le jeune Bourdin écrit à son oncle Bourdin de Serrelongue pour lui présenter ses remerciements, le féliciter du rétablissement de sa santé, et lui donner de bonnes nouvelles de sa mère, de ses sœurs, et de sa grand'mère qui vit encore.

Le 2 novembre 1714, Marie de Gauside écrit à M. de Serrelongue son beau-frère, lui annonce que son fils va bien, qu'il est dans le régiment de M. de Portes, colonel, qui lui a promis qu'il serait officier au premier jour. « Je vous assure, lui dit-« elle, que je n'ai en rien contribué à lui faire

« prendre ce parti, cela a été son inclination, il
« m'a solicitée plusieurs fois et fait solliciter. J'ai
« été en obligation d'y consentir appréhendant
« qu'il ne prît la permission lui-même, cela aurait
« été plus mortifiant pour moi. Je n'ai nul sujet de
« me plaindre de lui, je l'aime comme mes yeux,
« et si j'eusse suivi mon inclination, je ne l'aurais
« jamais perdu de vue ; mais je crus lui faire tort
« de le contraindre. J'aurais souhaité de tout mon
« cœur qu'il eût pris tout autre parti, j'en serois
« plus tranquille. Mon esprit est toujours agité,
« quelle résolution que je fasse. Je fais tout ce
« que je puis pour me persuader que Dieu me le
« conservera partout, s'il m'est nécessaire ; je
« ferai tout ce qu'une tendre mère peut faire pour
« lui afin de n'avoir rien à me reprocher ; je prie
« Dieu pour lui et pour sa conduite ». Marie de
Gauside remercie son beau-frère des sacrifices
qu'il a faits pour elle et pour ses enfants ; elle
gémit sur la mort de sa mère qui est décédée à
Bex-Aigle à l'âge de 89 ans environ : « Je vous
« suis très-obligée, mon très cher frère, dit-elle,
« de la part que vous prenez à la perte que j'ai
« faite de ma bonne et tendre mère ; cette sépara-
« tion m'a été fort sensible et m'accable avec tant
« d'autres sujets d'affliction, que je me console en
« Dieu et attends avec silence le temps que Dieu a
« déterminé dans son conseil pour m'appeler à

« soi : tout ce qui nous arrive nous doit détacher
« de ce monde ». N'est-ce pas là le langage d'une
sincère et profonde piété ?

Le 30 mai 1716, le jeune Bourdin, « qui n'est
qu'enseigne dans le régiment Desportes », écrit
une lettre de remerciements à son oncle Bourdin
de Serrelongue et lui annonce l'intention qu'il a
de venir le voir. Dans une autre lettre du 9 août
1716, le jeune Bourdin disait à son oncle : « Je
« vois ici cinq officiers de ce régiment qui ont été
« chez eux, c'est-à-dire en Languedoc, en Dau-
« phiné et en Provence, et qui en sont heureuse-
« ment revenus sans avoir fait aucune rencontre
« fâcheuse. Je vous avoue que cela a beaucoup
« augmenté l'envie que j'avais déjà de faire ce
« voyage : le seul obstacle que j'y rencontre, c'est
« que je n'ai point d'argent pour le pouvoir entre-
« prendre. Si vous aviez la bonté, Monsieur mon
« très honoré oncle, de vouloir remédier à cet in-
« convénient, je vous aurais une obligation in-
« finie. Je pourrais partir sur la fin d'octobre et
« j'aurais enfin l'honneur de vous embrasser avant
« l'hiver, et de voir la chère patrie et les chers
« parents. Il est bien vrai qu'un mois ou deux plus
« tôt ou plus tard ne font rien à la chose. Je vous
« supplie donc, Monsieur mon très honoré oncle,
« de vouloir me donner cette consolation que je
« demande depuis si longtemps ».

Le 31 janvier 1717, Marie de Gauside Bourdin écrit que son fils est à Alexandrie, ville du Piémont (1), et qu'elle a ses filles avec elle.

Le 28 avril 1718, le jeune Bourdin écrit d'Alexandrie à son oncle, le remercie avec effusion, lui dit que « sa mère a assez de peine à subsister avec ses deux sœurs », et ajoute que, pour sa part, il ne peut gagner sa vie que dans le métier des armes.

Dans une lettre du 16 mai 1718, Marie de Gauside remercie son beau-frère Bourdin de Serrelongue et sa belle-sœur Jeanne de Bourdin, femme de feu Paul d'Amboix, de l'accueil qu'ils ont fait à son fils. Celui-ci avait donc eu enfin la satisfaction d'aller au Mas-d'Azil, cette patrie de son père qu'il appelait sa patrie et qu'il désirait voir depuis si longtemps ! « Je vous suis mille fois obligée, dit la
« pauvre mère, du bon accueil que vous lui avez
« fait et la tendresse dont vous avez agi à son égard
« et ma sœur de même. Je souhaite de tout mon
« cœur de pouvoir vous en témoigner ma reconais-
« sance et à toute la parenté de part et d'autre,
« j'ai été très-satisfaite de tous ».

Enfin, le 14 mai 1726, Bourdin écrivait de Lausanne à Madame d'Amboix sa tante et lui donnait les derniers renseignements qui nous soient parve-

(1) Alexandrie, ville du Piémont, est à peu près à égale distance de Gênes et de Turin ; c'est près de là que se trouve le champ de bataille de Marengo (14 juin 1800).

nus sur cette intéressante famille; citons donc cette lettre tout entière :

« Madame ma très-honorée tante,

« J'ay receu de Mr Descaig une réponse à celle
« que je lui ay écritte où il m'apprent la mort de
« Mlle Françon ; je lui ay témoigné toute la part
« que je prens à leur juste douleur et combien j'ay
« de regret à cette perte. Mais comme il ne me don-
« ne aucune nouvelle d'aucun autre parent, et que
« je me suis attendu vainement jusqu'à présent
« que vous m'auriés fait l'honneur de m'écrire, je
« vous suplie, ma chère tante, de me tirer de la
« peine où je suis de savoir l'état de votre santé et
« de mon cher cousin le chevalier qui ne m'a point
« répondu non plus. Dans la lettre que je vous écri-
« vis au mois de janvier passé, je joignis le billet
« de Mr Barbe qu'il n'avait pas voulu acquitter,
« lequel saus doute vous aurés receu aussi bien que
« ma lettre, puis que Mlle Cattin Barbe en a écrit à
« M^r son frère et aparamment l'a prié de nous con-
« ter ici cette somme, ce qu'il a fait. Il y a cinq ou
« six jours qu'il vint à Vevay où je l'allay voir et
« où il me conta cent et cinquante frans. Mes sœurs
« et moi vous remercions, ma chère tante, de tout
« notre cœur des bontés que vous avés eues et que
« vous avés toujours pour nous, et nous vous sup-

« plions très instamment tous trois de nous conti-
« nuer l'honneur de votre bienveillance et d'agréer
« nos très humbles remercimens pour cette somme
« que nous venons de toucher ; mes sœurs desti-
« nent cet argent à ce faire un habit à la fin de
« notre deuil. Ayés, je vous conjure, la bonté, ma
« chère tante, d'accepter le receu que j'ai fait à
« Mr Barbe et qu'il envoyera au plus vite à sa sœur,
« à qui je vous prie de remettre l'obligation que
« vous avés contre eux et les tenir quittes eux et
« les leurs de cette dette; faites moi aussi la grâce
« de m'écrire incessamment que vous lui aurés
« rendu l'obligation, parce que nous serons obligés
« autrement de rendre à Mr Barbe l'argent qu'il
« nous a conté et notre petite joie seroit un peu
« trop courte. Mais je m'assure, ma chère tante,
« connaissant votre tendresse pour nous, que vous
« ne nous refuserés pas cette grâce et que vous
« laisserés tomber cette manne entre nos mains.
« Mes sœurs vous assurent de leurs profonds res-
« pects et de leur reconnoissance, et quand à moi,
« ma chère tante, je ne cesseray qu'au tombeau
« d'être avec la soumission la plus respectueuse et
« la plus dévouée,
  « Madame ma très honorée tante,
  « Votre très humble et très obéissant serviteur,
                                « Bourdin.
    « A Lausanne ce 14e May 1726. »

« J'assure de mes très humbles respects Mesde-
« moiselles d'Amboix et j'embrasse de tout mon
« cœur mon cher cousin le chevalier.

« Mon adresse est : A Mr Bourdin chés Monsr
« Augustin Girard, marchand, aux Rues basses, à
« Genève. C'est un marchand de mes amis qui re-
« tire mes lettres et me les envoie fort exacte-
« ment là où je me trouve ; si vous vous servés de
« cette adresse, vous n'aurés pas besoin d'affran-
« chir les lettres » (1).

On a remarqué que Bourdin parle de son deuil
et de celui de ses sœurs, ce qui nous fait supposer,
quoique rien ne le prouve d'une manière certaine,
que leur tendre mère, Marie de Gauside, avait
rendu le dernier soupir : la veuve inconsolable
était allée rejoindre son mari dans le refuge éter-
nel. Quoi qu'il en soit, on est heureux de savoir
que Jeanne de Bourdin et Bourdin de Serrelongue
firent ce qu'ils pouvaient en faveur de la femme
et des enfants de leur frère, et tâchèrent d'adoucir
leur triste sort.

(1) Adresse : « A Lion pour Toulouse.
            A Madame
            Madame d'Amboix
            Au Masdazils.
     A Toulouse ()pour le Masdasils ».

A l'époque où nous sommes parvenus (1726), le fils de Charles de Bourdin était âgé de 32 ans, sa fille aînée de 30 ans, et sa fille cadette de 28 ans. Que devinrent ce jeune homme et ces jeunes filles après cette année 1726 jusqu'à laquelle il nous a été donné de les suivre ? Nous l'ignorons absolument, mais peut-être le saurons-nous plus tard, grâce à quelque document nouveau venu de la Suisse (1).

Quoi qu'il en soit, deux enseignements importants ressortent pour nous de l'histoire de Charles Bourdin et de sa famille. Le premier, c'est que l'intolérance religieuse a causé les plus grands maux à l'humanité et particulièrement à la France. Elle a fait verser des torrents de larmes et de sang, sans amener jamais une seule conversion sincère. C'est donc pour nous un devoir sacré de haïr d'une haine, éternelle l'intolérance et le fanatisme, et d'avoir un respect profond pour la conscience de notre prochain, lors même que ses croyances ne s'accordent point avec les nôtres. Il faut nous habituer toujours davantage à regarder la liberté religieuse, non comme une faveur que

---

(1) Je recevrai avec joie et reconnaissance tous les documents et renseignements qu'on voudra bien me communiquer au sujet de Bourdin et de sa famille.

l'autorité civile et politique peut nous acccorder ou nous retirer à son gré, mais comme un droit primitif et imprescriptible que nous tenons de Dieu même.

D'un autre côté, tout en respectant les convictions sérieuses de nos frères, gardons-nous de céder à l'action funeste de cette indifférence religieuse qui coule aujourd'hui à pleins bords. Nous pouvons appliquer à notre époque ces paroles que « le plus grave des historiens » a mises dans la bouche d'un héros mourant : « Tu es né dans un temps où il importe que l'âme soit fortifiée par d'héroïques exemples » (1). Quoi de plus salutaire pour nos âmes que l'histoire de nos pères, de ces Réformateurs et de ces Réformés à qui nul sacrifice n'a coûté pour la défense de la foi et de la piété évangéliques? Marchons sur leurs traces ; pénétrons-nous, en particulier, des sentiments de Charles Bourdin, l'ancien pasteur du Mas-d'Azil, que la Révocation de l'Édit de Nantes força de se réfugier en Suisse avec sa famille pour demeurer fidèle à la religion protestante. Que le souvenir de son ministère, de ses souffrances et de sa fidélité chrétienne nous fasse rentrer sérieusement en nous-mêmes et retrempe notre foi. Prêtons l'oreille à ces voix de l'exil qui nous reprochent la

---

(1) TACITE : *Ann.*, liv. XVI, chap. XXXV.

langueur de notre vie religieuse, la timidité de notre zèle, la tiédeur de nos sentiments chrétiens, et qui semblent nous répéter en chœur cette parole de l'Écriture : « Sois fidèle jusqu'à la mort, et je te donnerai la couronne de vie » (1).

(1) Apoc. II, 10.

APPENDICE

PIÈCES JUSTIFICATIVES

Numéro I.

La p⁺ [1] de la somme de 133ˡ 12ˢ 6ᵈ qu'a etté esgallée sur toutes les églises de la pr⁺ [2] comté de Foix monte poʳ la p⁺ de l'église de Camarade la somme de deux livres cinq souls thˢ [3] qui sera remize p. [4] toutte la prochain sepmaine entre mains de Monsʳ Nadal, ministre de l'églize de Mazères, pour estre délivrée aus fins de lad. cottize. Arresté en colloque à Caumont [5] ce 17ᵐᵉ d'apvril 1597.

Rougier, modérateur de l'action.

Jacques Casalbon, antien et secrétaire du colloque.

(Au dos de la pièce) : Ay receu des derniers [6]

1. Lisez : la part. — 2. Lisez : présent. — 3. Lisez : tournois. — 4. Lisez : par. — 5. Caumont, c'est-à-dire Calmont. — 6. Mentionnés au recto du feuillet.

sieurs, consuls de Camarade, et par mains de s^r Guilh^e Courtade l'ung d'iceulx, la somme dernier escripte, et cela po^r la tenir au dernier s^r Nadal .... Au Masdasilz ce xxviiie j^r d............. 1597.

R[ougier]

N° II.

L'an mil six cens trante et le dernier jo^r du mois d'aoust, à Figeac en Quercy avant midy, régnant n^{re} prince Louis par la grâce de Dieu roy de France et de Navarre, establie en sa personne damoy^{lle} Marie de Cardalhiac, vefve de feu maistre Hector Bordin, h^{mt} quand vivoit dud. Figeac, laquelle de son gré a confessé devoir à Mr André Bordin, escoulier, son fils, iceluy présant et acceptant, la somme de septante trois livres neuf soulz onze deniers, laquelle somme led. Bordin auroit fornie & consignée p^r lad. de Cardalhiac au procès qu'elle avoit en la Cour de M^r le sénéchal de Quercy, siége dud. Figeac, cont[re] les hoirs de feu Guill^e Framaur, s^r de Lémig (?), ainsi que des inth[érests] de lad., acte de dépost du xiiii julliet dernier receu par Chablar (?), not., signé p. Camong (?), lad. de Cardailhac c'est contantée de lad. somme de septante trois livres ix s. onze de-

niers et promet icelle payer de j{r} en jour à la voullonté de sond. fils, à quoy f{re} c'est obligée p. exprès..............................
renonciat. par lad. de Cardalhiac..............
de lad. somme & génerallement tous ses autres biens & ainsin l'a juré soubz les soumissions & renonciations nécessaires en présence de Bernard Gérel & Géronte Marcinhes, cordonnier dud. Fig{e} icy signés, lad. de Cardalhac ne sçachant de ce requise et moy,

   C. Gérel......... Marcinhes.
Pr LXXIII{l} IX{s} XI{d} De Grangié, not.

(Au dos de la pièce) : Cont. damoy{le} Marie de Cardalhiac. Pr LXXIII{l} IX{s} XI{d}.

N° III.

Au nom de Dieu, Amen. Sçaichent tous présans et advenir que l'an mil six cens trante et le premier jour du mois d'octobre en la ville de Figeac et maison de moy not{e} rouial soubsigné après midy, régnant nostre prince Loys par la grâce de Dieu roy de France et de Navarre, en présence de moy dit not{e} et tesmoings soubz escriptz, establiy en sa personne maistre Pierre Baillès, praticien de Verfeil, en Rouergue, lequel comme mary de Izabeau de Bordin a confessé avoir prins & receu illic de damoizelle Marie de Cardalhiac sa belle mère, vefve de maistre Hector de Bordin, licencié et advocat en Cours Rouialles dudit Figeac quand vivoit, présant et acceptant, c'est la somme trois cens quatre vingtz livres tourn^s et ce pour les pactes escheuz ou à choir de la costitution faite par ladite de Cardalhiac à ladite de Bordin sa fille en son mariage receu par Dèzes not^e rouial de La Guépie, laquelle somme de trois cens huictante livres ledit de Baillès a illic réallement receue en pistolles, escus au soleil et bonne monoie fesant ladite somme, de laquelle s'est contanté et icelle somme recogneue à ladite de Bordin sa femme absente, moy not^e avec ladite de Cardalhiac sa mère pour elle présans et stipulans et acceptans, sur tous et chacungz ses biens meubles et immeubles présans et advenir pour et en cas de restitution que Dieu ne velhe permetre, rendre ladite somme et autre somme de onze vingtz livres p. luy receue en suite de ladite costitution comme résulte d'icelle recognesance receue par Verdié not^e les an et jour en icelle contenus, revenans lesdites sommes à la somme de six cens livres tournoys à qui de droit lad. restitution apartiendra, le tout sans préjudice de la somme de deux cens livres par ladite de Cardalhiac de plus donnée à sadite fille après son décèz que par exprès led.

Baillès ce réserve, à quoy faire et ce dessus faire valloir icelluy Baillès s'est obligé et ses biens, et ainsin l'a juré la main levée à Dieu soubz les soubmissions, renonciations et autres clauses à ce dessus requizes et nécessaires de droict, de quoy la dite de Cardalhiac a requis acte et justement p. moy dit not^e que luy ay concédé en présance de Pierre & autre Pierre Ycard, fraires, marchans chaudronniers dudit Figeac, tesmoingz signés à la cède après ledit Baillès, lad. de Cardalhiac ne sçachant signer de ce requise, et moy Jehan de Grangié, not^e rouial susdit de lad. ville de Figeac qui en foy et tesmoing de tout ce dessus me suis soubssigné.

De Grangié, not^e.

M'a esté paié p. les sieurs Bordins fraires po^r l'espedition de la pr^{te} recog^{re} quarante soulz à moy dit Grangié.

(Verso de la même feuille) : Quittance d'intérêtz de ma sœur de Baillès jusques au mois d'oct. 1661.

Je soubs signée confesse et déclare avoir esté entièrement paiée et satisfaite des intérêtz de la somme de deux cents vingt livres que le sieur André Bourdin me doibt des restes de ma constitution dotale et droitz paternelz et maternelz jusques au premier d'octobre dernier de la présente année mil six cents soixante et un, aiant receu les intérétz des années précédentes par mains de Monsieur Bardon, ministre de S⁺ Antonin, et n'aiant peu escrire la présente à cause de la foiblesse de ma main, l'ai fait escrire par la main du sieur Charles Bourdin mon frère et l'ay signé de ma main.

Bourdin présent...... Isabeau de Bourdin.

(Au dos de la pièce) : Recognessance faite par m^{re} Pierre Baillès, praticien, à Ysabeau de Bordin sa femme de ccclxxx^l, outhre autre somme de ccxx^l revenant lesd. sommes à vi^e ^{l}. 1630.

N° IV.

L'an mil six cens trante deux et le seitziesme d'octobre à Figeac en Quercy avant midy régnant n^{re} prince Loys par la grâce de Dieu roy de France et de Navarre, estably en sa personne Marie de Cardalhiac, vefve de m^{re} Hector Bordin quand vivoit docteur en droit, laquelle de son gré a confessé devoir à m^r André Bordin, escoulier son filz p^{nt} & acceptant, c'est la somme de cent cinquante livres d'amiable prest q. a dit avoir receu cy devant en diverses fois & emploié la plus grande partie à la porsuite du procès qu'elle a pendant en la co^r de parlement de Thle cont. le prince de la Cassanhiolle sy q. tant moinz c'est contanté de lad. somme de CL¹, promet icelle paier à sond. filz d'aujourd'huy en ung an, à quoy faire c'est obligée, a juré s. renon⁵, sobmis⁵ informa, pres⁵ Pʳᵉ Vilhès, gantier, et Jan Malaret, sarrurier, icy signés, lad. de Cardalhiac ne sçachant de ce requize et moy.

    P. Vilhès, presᵗ........ J. Malaret.
      De Grangié not.
Poʳ CL¹.

(Au dos de la pièce) : 1632 et 19ᵉ oct. pour CL¹.

Nº V.

L'an mil six cens trante trois & le dixneufᵛᵉ jour d'octobre à Figeac en Quercy avant midy, régnᵗ nʳᵉ prince Loys par la grâce de Dieu roy de France et de Navarre, estably en sa personne damoizelle Marie de Cardalhiac, vefve de mʳᵉ Hector Bordin quand vivoit advocat en cours rouialles dud. Figeac, laquelle de son gré entre autres debtes confesse devoir à Mʳ André Bordin, escoulier son filz présent & acceptant, la somme de septante cinq livres tournᵗ d'amiable prest q. a illic receu en escus au soleil & bonne monoie fesant ladite somme de septante cinq livres, laquelle a dit volloir employer avec plus grande somme au paiement de certains arrérages de rente et despens faits en diverses cours qu'elle doibt au sieur Lacombe fesant pr le prince de la Cassanhiolle sy q. au moins c'est contanté de lad. somme, a promis icelle paier de jo{r} en jour au volloir de sond. fils, à quoy f{re} c'est obligée, a juré s[ous] renon{s} in forma, pr{s} Jan Fauverges sieur de Lus (?) et Fran{s} Malaret, sarrurier, icy signés lad. de Cardalhiac ne sçachant de ce requize et moy.

Ja. Fauverges........ Malaret, p{nt}
De Grangié not.
Pr LXXV{l}.

(Au dos de la pièce) : 1633 et 19e octobre. Cont. damoy{lle} Marie de Cardalhiac. Pr LXXV{l}.

N° VI.

L'an mil six cens trante sept & le neufi{e} d'aoust à Figeac en Quercy après midy, régnant n{re} prince Loys roy de France & de Navarre, en présance de moy not. rouial et tesmoings soubs escriptz, establie en sa personne damoy{le} Marie de Cardalhiac, vefve de m{re} Hector Bordin, advocat quand vivoit dud. Figeac, laquelle a promis & promet à m{re} André Bordin, docteur en théologie, présant et acceptant, c'est de le remborser de tous les fraitz et despens qu'il conviendra faire au procès que lad. de Cardalhiac a pendant en la cour de parlement et chambre de l'édit à Castres cont. damoy^le Suzanne de Framaur dont led. sieur Bordin a promis avoir soing & en faire les fraitz, vouiages et fournitures sans espérance d'aucung salaire comme aussy a promis lad. damoyselle paier aud. Bordin son filz dheures en avand les intérestz de la somme de deux cens quarante sept livres dix soulz que luy doibt p^r le contenu en trois oblig^s receues p. moy not. l'ung du dix neufi^e octobre mil six cens trante quatre & le dernier du dix sept^e juing aud. an et ce en raison du denier seictze suivant l'ordonnance & sans autre réquizition ny interpellation aucune, le tout sans prebjudice d'autre oblig[ation] aud. Bordin deue par sad. mère de la somme de cent cinq^te livres de seictze octobre mil six cens trante deux ny d'autre contract du dernier du mois d'aoust mil six cens trante quy demeurent en leur entier et force, et ainsin parties l'ont convenu & arresté, à quoy faire lad. de Cardalhiac & accomplir de son cousté ce dessus & led. Bordin du sien se sont obligés respectivement & leurs biens & ainsin l'ont promis et juré la main levée à Dieu soubz les submissions, renon^s & autres clauses à ce dessus requizes et nécessaires de droict, de quoy led. sieur Bordin a requis acte et justement luy en ay formé en présence de m^r Pierre Vernhes, procur^r en cours rouialles dud. Figeac, et m^r Jacques Soligna, praticien de Cardalhiac, tesmoings signés à l'original après led. sieur Bordin, lad. de Cardalhiac ne sçachant de ce requize, et moy not. rouial dud. Figeac soubz signé.

De Grangié, not.

(Au dos de la pièce) : 1637, 9 aoust — Promesse faite au sieur Bordin p. damoizelle Marie de Cardalhiac sa mère, 1637 & 9e d'aoust.

N° VII.

L'an mil six [cens] trante huit et le vingt neufiesme jour du mois de novembre à Figeac en Quercy après midy, régnant nostre prince Louys, roy de France & de Navarre, establie en sa personne damoy^{lle} Marie de Cardalhiac, vefve de maistre Hector Bourdin, licencié, laquelle de son gré confesse devoir à Monsr André Bordin, docteur en théologie présant & acceptant, c'est la somme de quarante quatre livres dix sept soulz trois deniers que a dit avoir receue, sçavoir trante une livres deux soulz trois deniers au moien des intérests de deux années de la somme de deux cens quarante sept livres deux soulz p. lad. de Cardalhiac due audit sieur Bordin p. promesse receue p. moy not^e du neufvi^e d'aoust mil six cens trente sept, le terme du paiement de laquelle tombera le neufvie d'aoust prochain, et les trente livres quatorze soulz neuf deniers au moien des restes de la somme de soixante livres quatorze soulz neuf deniers pr les fraitz & fournitures advancés p. led. sieur Bordin pr sad. mère au procès qu'elle avoit en la cour de parlement & chambre de l'édit de Castres cont. les hoirs de feu Guille Framaur, sr de Lémig (?), en seroit intervenu arrest le xxiie d'aoust dernier sygné Némorin, lad. de Cardalhiac s'est contantée de lad. somme de quarante quatre livres dix sept soulz trois deniers & promet icelle payer à sond. fils d'aujourd'huy en ung an prochain et en oultre autres debtes p. elle deubs à sond. fils, à quoy fre c'est obligée & ses biens, et ainsin l'a promis & juré s[ous] renons in forma, prs Loys Maurens ne sçachant signer ny lad. débitrice de ce requize et Jehan Marcilhac hoste dudit Fige icy signé et moy,

Pr XLIVl XVIIs IIIl   'Marcilhac, pret
                De Grangié, not.

(Au dos de la pièce) : 1638 et 29 novembre. Cont. damoylle Marie de Cardalhiac. Pr XLIVl XVIIs IIId.

N° VIII.

Magno gaudio maximâque voluptate fruor, vir illust[rissime], dum benevolentia erga me tua jam mihi explorata est, sub cujus imperio simplex meraque obedientia mea, usque ad extemam vitæ periodum, ad omne obsequium paratissima erit. Quemadmodùm autem lucidum cœli decus est, ita etiam verum virtutis scrinium, ac comitatis typus inter mortales existimaris. Quæ quidem omnia pennæ meæ superesse poterunt, proptereà quod inscitiam possideo, et idcirco ad graphicas epistolas tuas minime respondere queo ; attamen, ut me soles, ama te interim rogem, et tunc meâ sorte contentus, fælixque omnium beatorum ero. Plura de me haberes, sed scheda hæc perminima est, vel potiùs sum otio ac oportunitate orbatus ; ut autem hujus epistolii tramam determinem, te oro ut censeas existimesque nullum in hâc terrarum compage me obedientiorem esse ; verbis meis scriptisque fidem adhibe, quia ex animo serièque dico. Vale, et de tuis rebus certiorem me fac.

Tuus cliens,

Non. ma..   Curius.

(Adresse) : A Monsieur
            Monsieur Bourdin advocat,
                        A Figeac.

N° IX.

Monsieur,

Cognoissant assès que v^{re} sagesse ne rejecte & n'exclud point les petits de v^{re} présence, ains qu'elle ayme ceulz principalement qui ont du moins quelque apparence de vertu et sçavoir, ayant leurs recours à tant de douces vertus qui accompagnent v^{re} nom tant fameux et illustre, j'ay osé prendre l'hardiesse de vous adresser la p^{nte} pour vous supplier d'avoir agréable le don que Monsieur du Moulin et moy vous faisons de mon filz, lequel nous avons dédié à v^{re} service po^r enseigner & conduire Monsr v^{re} filz, s'il vous plaist l'accepter, à quoy je croy qu'il sera propre, & à luy enseigner touts les principes de grammaire & à composer, & par ce moien mondit filz, s'entretenant soubs l'ombrage de vos rares vertus, pourra gouster les fruictz de v^{re} académie et se rendre plus capable à vos services et à exécuter les commandements dont il vous plaira l'honorer. Je sçay que *a latere tuo non discedens et abs te multa prudenter disputata, breviter et commodè dicta audiens, fiet prudentiâ doctior*, et qu'il ne peut devenir aultre que vertueux et pie, si tel heur luy peult advenir d'estre mis au rang de vos humbles serviteurs en v^{re} maison : *intus aquæ dulces vi-*

voque sedilia saxo, nympharum domus. S'il vous semble trop jeune, il suffit, dict Aristote, que *sit senex moribus, non œtate.* Que si quelque rudesse vous desplaist en ses mœurs, *nemo adeo ferus est qui non mitescere possit, si modo culturœ patientem commodet aurem.* Vivant donc en cette espérance qu'il trouvera grace envers vous et que v^re bénignité ne rejectera le don que Mr du Moulin et moy vous en faisons (po^r ce qu'il m'est ἕτερος αυτος), je demeureray à jamais avec tous mes enfans,

   Monsieur,
    V^re plus humble serviteur
      H. Bourdin.

(Adresse) : A Mo^r et très honoré seigneur Mo^r
 de Bonnencontre con^er du roy en sa'
 Cour de parlement de Tholose & chambre
   de Castres,
   à Montauban.

N° X.

(Aymon, Syn. Nat. t. I, p. 305)

« Rôle des Pasteurs et des Églises Réformées
« présenté au Synode national d'Alençon l'an 1637.
. . . .

LE COLOQUE DE FOIX.

« Jean Ollier.... Mas-d'Azil, Gavré [1] & la Bour [2]
« Jean Marsallan [3] .... Chamelade [4]
« Joseph de la Fontaine.... Carlut [5] & Savarat [6]
« Paul Gauside........... Mazé [7] & Caumont [8]
« Laurens Rival.................. Saverdun.
« Charles Bourdin. La Bastide, Leireau [9], Bertats [10]
    & Limozac » [11]

N° XI.

(Aymon, Syn. Nat. t. I, p. 292)

« Rôle des pasteurs et des Églises présenté au
« Synode national de Gap tenu depuis le 1 jusqu'au
« 23 d'octobre 1603.

....

1. Gabre, village et commune du canton du Mas-d'Azil. — 2. Je ne connais aucun village de ce nom aux environs du Mas-d'Azil. Peut-être faut-il lire *la Bourdette*, localité de la commune de Sainte-Croix où il y a eu longtemps une verrerie où travaillaient les verriers de Gabre, tous protestants. L'église de Sainte-Croix est souvent mentionnée plus tard dans les Registres du Consistoire du Mas-d'Azil ; elle a presque entièrement disparu depuis par le départ des verriers qui la composaient (O. de G.). — 3. Marsolan. — 4. Camarade. — 5. Carla-le-Comte, ou Carla-le-peuple. — 6. Sabarat. — 7. Mazères. — 8. Calmont. — 9. Léran. — 10. Betlac. — 11. Limbrassac (O. de G.).

COLOQUE DE FOIX.

« Pamiès [1] .... Forger. [2]
« Les Bordes............. Du Puy. [3]
« Foix................... Oliere. [4]
« Mos [5] .... Roger. [6]
« Mazères............... Olagaray. [7]
« Caumont [8] .... Givaudan.
« Saverdun.............. Du Puy le Jeune. [9]
« La Bastide [10] .... Bourgade.
« Camerade [11]........... Austry. »

N° XII.

Veu le contract passé entre dam[lle] Suzanne Dusson et dam[lle] Marg[te] Ducasse sa fille du quinsi[e] may mil six cent quarante six et l'acte de ratiffication d'icelluy du mesme jour fait par les sieurs de Larbont de Moléras & Pierre Ducasse frères et

---

1. Pamiers, chef-lieu d'arrondissement dans le département de l'Ariége (O. de G.). — 2. Lisez Frogier. — 3. Dupuy aîné. — 4. Ollier ou Holier Jean.— 5. Mas-d'Azil, chef-lieu de canton, arrondissement de Pamiers. — 6. Rougier Jean. — 7. Olhagaray Pierre, historien. — 8. Aujourd'hui Calmont.— 9. Dupuy le jeune. — 10. Labastide-sur-l'Hers, ou Labastide du Peyrat. — 11. Camarade, commune du canton du Mas-d'Azil (O. de G.).

enfans de lad. damoiselle Dusson et les mémoires à nous communiqués de la part de lad. damoiselle Ducasse,

Il semble au conseil soubz^{né}, donnant advis ausd. parties sur le subjet de la contestation quy est entr'elles sur la prétention desd. fermiers, que lad. damoiselle Ducasse leur doibt payer lods des biens à elle baillés par led. contract par ladite damoiselle Dusson, qu'il y a de la difficulté à la résolution de cette question parce qu'il semble d'un costé que led. contract contient un eschange fait entre ladite damoiselle Dusson et lad. dam^{lle} Ducasse des lodz à elle escheus lors du partage entr'elles fait, or de l'eschange il est deu lods. Mais d'autre costé il semble qu'il n'en est pas deub parce que led. contract ne contient pas un vray eschange, mais est une transaction passée sur le procès qui estoit prest à mouvoir entre lad. damoiselle Ducasse & lad. dam^{lle} Dusson, led. sieur de Larbont & ses autres frères en cassation dud. partage à cause de la lazion que lad. damoiselle Ducasse préthendoit y estre intervenue à son préjudice et par conséquent il semble que ce contract ne contient que la résolution du premier partage & un autre de nouveau fait pour le regard de lad. damoiselle Ducasse, de quoy ne peut pas estre deub lods parce qu'il n'en est pas deub des partages, sans qu'il serve de dire que led. sieur de Larbont & ses frères ne sont pas intervenus dans led. contract, car il suffit qu'ilz l'ayent ratiffié le mesme jour, d'autant que *rati ab hitio æquiparatur mandato* & a un effect retroactif. Voilà pourquoy, veu qu'en cette cause il y a de la difficulté, il seroit bon que les amis comuns des parties sur les lieux portassent lad. dam^lle Ducasse à donner ausd. fermiers quelque petite somme pour faire cesser cette demande, & afin que cela ne fît pas conséquence pour les autres fermiers quy pourroient préthendre un pareil lods, il faudrait bailler cette somme secrettement et passer un contract par lequel lesd. fermiers se despartiroient de lad. demande au proffit de lad. dam^lle Ducasse.

Tel est n^re advis deslibéré à Castres ce quatorz^e de may mil six cent quarante neuf.

Faure de Tournadous.

(Au dos de la pièce) : Advis de Mr de Faure de Tournadous.

N° XIII.

Rolle de ce que j'ay fait pour la maison de Monsieur Bourdin.

Premièrement le 27 apvril 1656 ay fait 2 coustiques pour Mademoiselle de Bourdin....... 1^l 10^s

Du 28 julhet 1656 un lavement et une confesion.......................... 10

Plus le dernier dud. mois un lavemant pour le fils de Monsr Bourdin........	5^s	
Et plus demy livre d'eau de vie........	5	
Du 18. 7bre 1656 suis alé 2 fois à Pradals, ay fait une saignée pour Charles Bourdin	2^l	
Du 19 dud. mois suis retourné aud. Pradals, ay fait 2 saignées pour le s. Charles, & luy ay baillé 4 onces de sirop de capillis vénérien et par ce.....	2	12
R...............	7	2

Monte le présent compte.   7^l 2^s

(Au dos de la pièce) : Conte du s^r Roug, chirurgien, payé le 20 janvier 1657.

N° XIV.

Monsoulens cap^{ne} au Reg^t d'Auvergne certiffie à tous ceux qu'il apartiendra que le s^r Jean Claude Bourdin du lieu du Masdasil en Foix est mort de maladie dans Armantière après avoir servy le Roy dans ma compagnie l'espace d'une année; en foy de quoy avons signé le présent certifficat et sélé du scau dud. reg^t. Fait à Tournay ce sixi^e juin mil six cen soixante et huit.

      Monsolens.

(Au dos de la pièce) : Certifficat de Monsieur Bourdin touchant la mort de Jehan Claude son fils.

N° XV.

Monsieur et très honoré père

Mr Hubert me fit rendre la lettre que vous m'escrivittes, et j'attendois aujourd'hui ma mère et non pas des voituriers. J'apprandray à Mr de Bouissou la maladie de mon cousin de Bonpas. Nous avons achevé de recueillir le grain de la maiterie, nous en avons eu pour chacun en tout 41 setier quitte de moisson et de dépiqueurs. La récolte est généralement fort médiocre dans la plaine cette année. J'ay retiré du moissonneur du champ de Pouchaut cinq mes. seigle en déduction de ce qu'il nous doibt. Pour le métayer jay trouvé dans vostre rolle que sa debte n'estoit pas fort grande et qu'il avoit baillé deux agneaux et que Jacques Soleil avoit payé 20 sols pour luy; je n'ay peu avec raison prendre rien de luy à cause de cela jusqu'à tant que j'aye fait conte avec luy et pour cet effect il me faudroit d'autres mémoires que celles que j'ay en main. La pluspart de nos débiteurs m'ont prié de les attendre jusqu'à la fin de ce mois, et les autres jusqu'à la sepmaine prochaine; je suis résolu de les presser et de retirer payem^t de tous ceux que je pourray, Mr Mounot m'a promis aujourd'hui de me faire apporter le bled qu'il me doibt pour l'arègue du bestail qu'il tient en gazaille ; le métayer de Mʳ Brive m'en a apporté douze mesures. J'attands tous les jours que Andrieu Lautré m'apporte l'argent de la pouline qu'il a vendu, et dès que je l'auray receu, je suis résolu de bailler quatre escus à Mʳ Fabi pour respondre à la civilité dont il a usé envers nous depuis huit mois, car il m'a de rechef prié de les luy bailler. Depuis que je suis icy je n'ay touché en argent que 14ˡ 5ˢ du métayer de M. Brive, 10ˡ 10ˢ en argeant blanc et le reste en deniers ; je me suis servi de la monnoie pour achetter ce qui m'a esté nécessaire pour vivre et pour payer quelques debtes que Jean avoit icy. Je vous envoye les dites 10ˡ 10ˢ. par Pierre Maury, et quand j'en auray levé d'autres, je vous l'envoyerai. Les collecteurs de vos gages lèvent autant qu'ils peuvent, car à mon advis ils veulent vous aller satisfaire entièremᵗ au Mas au temps dû synode. Voilà pourquoy vous ne devés rien espérer de ce costé jusqu'à ce temps là. Je n'ay pas voulu proposer à ma tante de se charger de nostre grain parce que je le crois plus asseuré dans la salle basse que dans son grenier. Je vous envoye tous les livres absolumᵗ, excepté Vendelin et la Phisiologie de Duncan que je me suis réservé ici pour me divertir ; j'en ay rempli deux sémals et j'en ay mis dans deux sacs, l'un desquels se mettra sur le bast du cheval qui portera les sémals, et l'autre sur le bast de la cavalle petite avec neuf mesures seigle, et la grande cavalle est chargée de 14 mesures seigle qui monte en tout 3 set. moins une mesure. Je n'ay pas oublié de vous envoyer tout le fer que j'ay trouvé dans le cabinet avec la petite scie que vous demandiés. Vos sermons manuscrits sont en bon estat dans l'un des sacs. Je suis résolu de faire la cène à Mazères & de ne retourner au Mas qu'au temps du synode, si je ne vous suis nécessaire. Tout ce que j'ay à vous demander est de me tenir prêt ce qui me sera nécessaire pour mon voyage de Paris immédiatem^t après la tenue du synode. Puisque Dieu vous a redonné par sa grâce la santé et que je ne vous suis plus nécessaire, je vous prie ne vous opposer pas à un dessein que je veux accomplir comment qu'il en soit. Si vous voulés que j'aille à Espérausses, je partiray le lendemain de la 1re cène et serai revenu pour la seconde pour estre au Mas avant l'ouverture du synode. Si vous êtes dans ce sentiment, vous n'avés qu'à me dresser les mémoires qui me seront nécessaires. Je ne puis me passer plus d'un autre habit, celuy que je porte ne peut plus me servir à cause de sa vieillesse ; je désire de m'habiller à la cavalière d'une estoffe de peu de prix ; je me serviray d'un habit simple dans les voyages plus commodém^t que d'un autre habit. Si vous me permettés d'aller à Pamiés pour m'habiller, je croi que je m'habillerai fort commodém¹ ; au moins je suis résolu de ne retourner point au Mas que je ne sois habillé, car je vous fairois déshonneur. Faites moy sçavoir vos sentimens là-dessus un jour de la sepmaine prochaine, et croiés que je suis et que je serai toujours,

Monsieur,

Vostre très humble et très obéissant fils et serviteur,

BOURDIN

(Adresse) : A Monsieur
Monsieur Bourdin
f. m. de Ch.
au Mas Dazil.

(Au dos de la pièce) : Du.... aoust 1669. Lettre de Charles Bourdin.

N° XVI.

L'an mil six cent septante sept et le huiti^e jour du mois de novembre avant midy, à Caussade en Quercy, régnant nostre souverain et très-chrestien prince Louis quatorzi^e par la grâce de Dieu roy de France & de Navarre, dans la botique de moy no^{re} royal soub^{né} ont esté présentz Me André Bourdin, ministre de l'esglize du Masdazil et Charles Bourdin proposant son filz habitant dud. lieu de Masdazil, lesquelz solidèrement l'un pour l'autre et chacun d'iceux pour le tout sans fe⁵ division ny discussion de debte ny discussion d'ypotéque à quoy par exprès ont renoncé & renoncent, outre & sans préjudice d'autre debte ou fraix deubz au sieur créantier prétandeus contre led. sieur Bourdin père pour le regard de Jean Bourdin son autre filz sans préjudice des droitz de parties & sans préjudice de l'instance quy est pandante au sen^ml de Pamiès, sans que le présant acte puisse pourter aucun préjudice aux parties en lad. instance que led. Bourdin se rézerve, sans laquelle rézervation led. André Bourdin père n'auroit signé le présent acte, ny ledit créantier pareillem^t qui c'est rézervé toutes actions de droit contre led. Jean Bourdin filz, contre led. André père pour regard de lad. instance ny des intérêtz que led. Duroy s'est rézervé, ont recogneu et confessé debvoir à Aron Duroy, marchant, habitant du lieu du Bias, présent & acceptant, la somme de deux cens vingt livres de prest amiable que les débiturs ont dit avoir cy devant receu du s^r créantier en escus blancs, pièces de trante solz & autre bonne monnoie dont lesd. débiturs ce contantent, & lad. somme de deux cens vingt livres lesd. sieurs Bourdin père et filz ont promis payer aud. créantier d'aujourd'huy en un an soubz lad. clauze solidère pourté & randeu à Montauban dans la maison du s^r Jean Senilh mar^t dud. Montauban, à payne de tous despans, domages & intérêtz qui s'en pourroit ensuivre à faute dud. payemant soubz obligation & ypotèque de leurs biens qu'ilz ont soubmis aux rigurs de justice, présentz Jacques Teulières, marchant, qui a atesté cognoistre les débiturs & Géraud Lacombe, prés. et Pierre Sol, m^e cord^{er} signés à l'original avec parties & moy Maffre Lacombe, no^{re} royal dud. Caussade requis qui l'ay rettenu dans mon Reg^{re}, en foy de quoy me suis soubz^{né}.

Lacombe, no^{re} royal.

(Au dos de la pièce) : Du 8e novemb. 1677. Extrait de debte de 220^l pour le s^r Duroy contre mess. Bourdins, ministres.

N° XVII.

Je soubsigné ay retiré des mains du sieur de Lastourèles de Pamiès une promesse de sent dix livres faite par Charles Bourdin, mon frère, datée à Paris le vintième may mil six cens sebtente trois faite en faveur de Monsr Duroy an original, plus un estret d'unne obligacion faite par maitre André Bourdin père et fis de dus cens vingt livres an faveur du sieur Aron Duroy du huitième novembre mil six cens septente sept receu par Lacombe notère de Caussade an Quercy. Fait à Pamiès le huitième février 1679.

Bourdin.

(Au dos de la pièce) : Copie d'un resseu que jé fait au s^r de Lastourelle d'une promesse faitte par Charles Bourdin, mon frère.

N° XVIII.

L'an mil six cens septante huit et le doutzi^e jour du mois de décembre avant midi, à Caussade en Quercy, reg^t nostre souverain et très-chrétien prince Louis quatorzi^e, par la grâce de Dieu roy de France et de Navarre, dans la boutique de moi no^{re} royal soubz^{né}, en ma présance et des tesmoingz bas nommés, a esté en sa personne Aron Duroi, mar^t, habitant du bas comté de Nègrepelice, lequel de son gré a faict et constitué son procureur spécial et général le s^r de Lastourrelles Desserres, habitant de Pamiès, absant, pour et au nom du constituant prandre, lever et recepvoir de Me André Bordin, ministre de l'églize du Mas-d'Azil, et Me Charles Bordin aussi ministre, père et fils natif dud. lieu du Mas-d'Azil, la somme de deux cens vingt livres et inthérets légitimemant deubx portés par l'obligation faicte par lesd. Bordin père et fils en fabveur dud. Duroi le 8.

9bre 1677 rettenue par moi nor, et de lad. somme leur en fère quittance en bonne forme, et consants à la cancellation dud. debte, et laquelle somme led. sr Duroi tiendra pour receue desd. Bourdins débiteurs en raportant quittance dud. sr de Lastourelles procureur et en cas de reffus de paiement les porsuivre par justice, se servir de la clauze sollidère portée par led. debte et fère cette porsuitte en tous cours où besoing sera, avec pouvoir d'eslire domille suivant l'ordre en tous lieux où il pourroict estre necessère, et comme le constituant feroict ou fère pourroict, promettant avoir et tenir pour agréable tout ce que par sond. procur sera faict ores le cas requis mandemt plus spécial, ne rien révoquer, mais du tout le relepver et indempniser soubx obligation et ypothèque de ses biens que a soubxmis aux rigrs de justice et l'a juré, présans Me Ramond Rigal, bachelier ez droicts, Géraud Lacombe pracn et Jean Fournier dud. Caussade soubznés avec led. sr Duroi et moi nore et Duroi constituant, Rigal, Lacombe, Fournier, Lacombe, notre roial ainsin signés. Collationé à son original par moi nore roial dud. Pamiers soubzné exhibé et retiré led. original de procuration par noble Jean Desserres sr de Lastourelles dud. Pamiés soubzné aud. Pamiés ce neufie de febvrier mil six cens septante neuf.

  Desserres.   **Dané, not.**

(Au dos de la pièce) : Extraict de procuration faicte par Duroi au sr de Lastourelles.

N° XIX.

Selectus juvenis Johannes Rossal, Calceatensis theologiæ candidatus, cùm patriam repetiit anno 1680 et mense Augusto, honorificis litteris testimonialibus a nobis ornatus est : rediit ad nos eodem anno et mense novembri, et quo pede cæperat perrexit in studiis theologicis, imo, si fieri potuit, diligentiam auxit, omnibusq[ue] theologiæ studiosi partibus rite defunctus est. Prælectionibus interfuit assiduus, easq[ue] avidè hausit et in proprios usus convertit : sæpissimè contextus sacros et latino et gallico idiomate enarravit accuratè omninò, solidè et ornatè : in thesibus propugnandis et impugnandis rei benè gestæ, et disputatoris fortis et acuti laudem reportavit : hebraïcas coluit litteras : tandem candore, modestiâ et pietate insigni se nobis omnibus probavit, unde spes est fore ut brevi, Deo adjuvante, in egregium verbi divini præconem evadat, Ecllesiaq[ue] ex ejus laboribus fructus decerpat amplissimos, quod ex animo apprecamur. Datum Podiolauri die 26 mens. Aug. an. 1684.

Peresius, v. d. m., l. heb. et ss. theol. prof. et pro tempore Rector.

Ramondon, v. d. m. et professor philos.

Rivallius, ecclesiastes podiolaurensis libent. mente subscripsi.

Arbussius, pastor podiolaurensis.

Nous ministres et anciens du Consistoire de Puylaurens certifions que le sieur Jean Rossal de Caussade proposant estant revenu vers nous au mois de novembre de l'année mille six cent quatre vingts, a esté depuis parmi nous et que pendant tout ce séjour qu'il y a fait, il a pleinement confirmé le témoignage que nous lui avions auparavant volontiers accordé, et a même enchéri par dessus, et par sa vie et par ses progrés ; sa conduite, qui a esté toujours très modeste et très sage, accompagnée d'un zéle ardant pour la gloire de Dieu, lui a aquis l'estime et l'affection de pleusieurs, l'a mis en exemple parmi ceux de son charactère, et a donné de l'édification à tous. Nous l'avons souvent oui en proposition où il a fait paroitre beaucoup d'étude, une grande pénétration dans les mystères, un choix solide pour les expliquer, et beaucoup d'adresse pour les insinuer ; nous l'avons admis pendant longtemps dans le sein de notre compagnie, où nous avons toujours remarqué en lui beaucoup de prudence et de piété. Nous espérons de la bénédiction de Dieu que bientôt il travaillera avec beaucoup de fruit à l'œuvre du sacré ministère : nous lui souhaittons de tout notre cœur la continuation et le comble des grâces et des bénédictions du ciel. Fait en Consistoire à Puylaurens ce 27e aoust 1684.

Martel, m....... Pérès, min..... Rivals, min..... Arbussi, min..... Fonbrune, ansien..... J. Expert, antien....... Pitoure, ancien....... Fonbas, ancien....... Latour Pradelles, ant..... Dennier, ansien.....

Dierson Laurens, ancien et secrettaire.

(Communiqué par M. Attié Léonce, délégué du Conseil presbytéral de Caussade).

N° XX.

Je promets de payer à Monsr Bourdin, proposant, ou à son ordre et à sa volonté, la somme de quarante livres dix sols que je luy doibs pour valeur receue du dit sieur à Paris ce 7e avril 1674.

Pour 40^l 10^s.   Labat.

N° XXI.

Au Mas ce 13 apvril 1676.

Mon fils

Il y a desjá quelque temps que je receus une de vos lettres par laquelle vous me faisiés sçavoir que vous aviés esté à Montauban où vous aviés esté traité en ami par messieurs Delrieu et Maillol. J'eusse esté plus aise d'apprendre que vous aviés arresté le marché de l'apprentissage d'Escarpeille et mesme passé escript, car les s^{rs} Maillol et Delrieu me pressent par leurs lettres et par celles d'Escarpeille d'envoyer procuration pour le passer à raison de 200^l, et si vous l'eussiés faict, vous luy auriés objecté la promesse qu'il vous fit de se contenter de 150^l et 2 ans de servisse.

Puisque vous estes passé à Toulouse, j'eusse creu que vous eussiés voulu rendre office à monsieur Foissin pour remédier en quelque fasson à la fraude et volerie que Labat père luy a faite dont il se plaint tousjours que c'estet à vostre occasion et sur le tesmoignage que vous luy rendiés de la probité et intégrité de ce personnage qu'il a esté déceu par led. Labat, de quoy j'ay peine à me consoler. J'ay receu plusieurs lettres du s^r Foissin sur ce subject et de Lasforgues qui me prie très-instamment de servir ledit s^r dans ceste occasion. Il m'a envoyé deux procurations, l'une pour le poursuivre à rendre conte des sommes par led. Labat exigées en vertu de sa procuration, et l'autre pour le poursuivre au payement de la somme de 150^l contenue en sa promesse qu'il m'a aussi envoyée, de sorte que je ne me puis empêcher de faire voyage à Toulouse pour tirer quelque clarté dans ces affaires, car je n'ay peu tirer aucune déclaration ny esclaircissement de sa négociation (de Labat), de sa bouche, m'ayant toujours respondu par ambages et avec un souris de filou.

Je croy que vous sçavés que vostre frère Las Forgues est employé pour commis aux aydes à Dièpe, il a 400¹ de gages, il y est despuis deux mois ou environ. Il m'a escript de luy faire mes adresses chés mons' Foissin duquel il tesmoigne vouloir se conserver l'amitié.

Je n'ay peu m'accorder avec le s' Molles qui bastit un grand dessein contre moy; ainsi je vous advertis de ne divulguer pas les effects de feu mon frère; laissés dormir encore ces affaires et n'en parlés point du tout à personne pour cause. Seulement je désire que vous alliés à Sourèze pour retirer mes papiers des mains des héritiers du s' Augé advocat, lesquels papiers consistent en deux divers extraictz d'obligation, l'une consentie par Antoine Pistre de la somme de 220¹ et l'autre d'un cautionnement pour un certain Bastoul de la somme, si je ne me trompe, de 50 ou 60¹, de plus la saisie et inquantz par le dit s' poursuivis à mon nom ainsi que verrés par sa lettre du 23 nov. 1673 en suite de laquelle je luy envoyai procuration pour passer l'acte dont est faite mention en lad. lettre pour la somme de 150¹ et 3¹ pour les despens par moy baillés aud. s' Augé à l'effet de ceste poursuite et avec cela une déclaration, si je ne me trompe, de descharger led. Pistre dud. cautionnement, tous lesquels papiers et autres qu'il peut avoir prins de moy pour la poursuite de cest affaire, et les retirer et faire receu des actes que vous recepvrés si on vous en demande. Que si la saisie et inquantz prescrivoient, s'ils restoient nuls parce qu'il y a près de trois ans et qu'il n'y ait point d'autres actes qui empêchent la péremption de l'instance, vous aurez v^{re} advis pour empescher lad. péremption affin qu'en temps et lieu je puisse continuer lad. poursuite.

Pour le surplus, je ne vous dis rien des foules extraordinaires que nous avons receues et que nous recepvons tous les jours des gens de guerre. Outre une companie complaite de cavalerie que nous logeons icy despuis près de trois mois, nous en avons eu icy deux autres qui ont logé la nuit derniere, qui outre la mangeaille et après avoir donné aux officiers 14 louis d'or pour le bien vivre, n'ont pas resté de faire rançonner et battre une grande partie des habitants, tellement qu'on nous fait tous les jours manger notre revenu en herbe.

Vostre frère Serrelongue est au mesme estat que vous le laissâtes et toute n^{re} famille pareillement.

Pour ce qui vous concerne, je ne vous donne

point d'advis, ne sçachant pas vos résolutions ny vos mémoires ; vous avés de là vos amis que vous pouvés consulter vous-mesme. Je vous prie me renvoyer les lettres du feu s^r Augé lesquelles je vous envoye pour vous servir d'instruction dans l'affaire dont il y est parlé, sur lequel subject j'adjousteray que au retour du dernier synode, je vis led. s^r Augé à Souréze qui me promit de ne se laisser plus abuser aud. Pistre, mais qu'il poursuivroit sans plus retarder cest affaire, de laq. poursuite vous pouvez vous informer et m'advertir du tout par le retour de mons^r Rousseloti.

Je vous recommande à Dieu et à sa grâce estant mon fils,

Vostre bon et affectionné père,

A. Bourdin.

(Adresse) : A Monsieur
   Monsieur Bourdin
    proposant
   à Puilaurens.

N° XXII.

Au Masdazil ce 27 juillet 1676.

Mon fils,

J'ay obligé ce messager de Mo^r Dusson qu'il envoye à Castres de passer à son retour à Puylaurens pour sçavoir vostre estat présent et vous raporter les actes que vous m'envoyastes dernièrement concernant l'affaire que j'ay contre Antoine Pistre, sur lequel subject je vous advertis que vous avés monstré une simplicité grande d'avoir payé au sʳ Augé teinturier vingt et trois sols outre et par dessus les trois livres que j'avois baillé au feu sʳ Augé son frère pour faire la saisie et inquants de la métérie dud. Pistre, car puisqu'il ne vous rendoit pas lad. saisie et les inquants avec le contrat d'arresté de conte du 14 may 1669 que je luis mis en main pour faire lad. saisie, bien loing que vous luy deussiés bailler lesd. vingt et trois sols, qu'au contraire vous luy deviés demander de vous rendre les trois livres que j'avois baillés à son frère comme il l'a confessé par sa lettre, laquelle je vous renvoye. Ainsi je voudrois que vous retournassiez à Sourèze avec quelque personne qui fut plus intelligent que vous en ceste nature d'affaires pour demander au sʳ Augé, teinturier, raison du tort qu'il vous a faict et luy faire voir par la lettre de son feu frère comme il a receu de moy trois livres pour faire lad. saisie et inquants, et qu'ainsi il est obligé de vous remettre en main tant lad. saisie et inquants que led. contract d'obligation dud. Pistre en vertu duquel lad. saisie a esté faite, ou en cas il ne pourroit ou voudroit, vous rendre lesd. trois livres que je luy avois baillés pour les faire.

Je ne veux pas accuser led. s^r de fraude et d'avoir livré ou vendu mesd. actes à l'istre, mais j'ayme mieux croire que ceste saisie et inquants avec led. contrat d'obligation est lié ensemble en quelque liasse et se trouvera dans les papiers dud. feu Augé, ou bien chés le sergent ou autre duquel il se servoit pour ceste poursuite, car je croy que led. feu Augé estoit fort homme de bien et qu'il n'auroit pas escript dans celle qu'il m'a escripte avoir faict ces poursuites, si la chose n'eust esté faite, et les bilés et rolles qu'il en a faicts que vous m'avés envoyés et que je vous renvoye le tesmoignent assés. Ainsi vous pourrés vous informer qui a escript ces rolles et qui pourroit avoir ces actes. Car pour ceux que vous m'avés envoyés, c'estoit des papiers qui concernoient une autre gazaille faite avec un certain Bastoul où led. Pistre n'est que caution de cinq^{te} cinq livres de reste qui me sont encore deubs et pour laq. somme de 55^l je prétendois surdire outre et pardessus la somme de deux cens vingt et deux livres seize sols contenue aud. contract d'arresté de conte en vertu duquel lad. saisie a esté faicte. Que s'il n'y a moyen de trouver mes actes par ceste voye, il faut en ce cas faire expédier un autre extrait dud. contract retenu par feu Durand notaire de Sourèze le 16e may 1669 et en vertu d'icelu y faire requérir de nouveau led. Anthoine Pistre à payer lad. somme de 222^l 16^s

sans préjudice d'autre somme deue aud. Bourdin par autre contract tant par led. Pistre que Bastoul.

Il y a monsʳ Blaquière de Sourèze qui loge dans la maison qui estoit à feue Mad. de Roquetaillade, lequel n'estoit pas ami de feu mon frère, qui conseille led. Pistre. S'il y a quelqu'un à Puilaurans que vous sçachiés estre ami dud. sʳ, vous ne fairiés pas mal de l'employer pour oster cest obstacle. Au reste je suis fort maltraité du sʳ Molles qui prétend me fort incommoder, mais Dieu y pourvoirra; il me faut vendre ceste méterie pour luy faire son argent.

Nostre famille est au mesme estat que vous l'avés laissée. On me dit que vous n'êtes pas fort assidu à vos exercisses d'escholle et que vous faites souvent des absences; vous y adviserez. Je suis mon fils,
    Vostre bon pére,
    Bourdin.

(Adresse) : A Monsieur
  Monsieur Bourdin,
  proposant,
  à Puylaurants.

Nᵒ XXIII.

L'an mil six cens septante six et le cinquiᵉ septembre avant midy au Masdazil en Foix diocèze de

Rieux sen^céé de Pamiés reignant très crestien prince Louis par la grâce de Dieu roy de France et de Navarre par devant moy no^re & tesm. constitué en personne Me André Bourdin, ministre dud Mas, lequel de son bon gré, tant en son nom que come hér^r bénefficiaire de feu M. Charles Bourdin son frère en son vivant ministre de Calmont, sans révocation des procu^ns par luy cy devant faictes de nouveau, a fait & constitué son procureur espécial & général, l'une qualité ne desrogeant à l'autre ny au con^re, savoir est le s^r Charles Bourdin, escolier, son filz, habitant à présant de Puylaurans d'icy absent, pour et au nom dud. s^r constituant aller à la ville de Vabré pour requérir le s^r Jean Tirefort s^r de Burgairolles habitant dud. Vabré à luy payer la some de cent nonante cinq livres sept sols six deniers à luy deue par deux divers contracts retenus par Me Pierre Abram no^re dud. Vabré, le premier du vingt trois may mil six cent soixante neuf, & l'autre du vingt huiti^e juillet mil six cent septante trois, avec les inthérestz légitimem^t deubz despuis led. temps & les despans faicts en defl'aut de payement, donnons pouvoir aud. s^r Bourdin de prendre & retirer lad. some, inthérêts & despans des mains dud. s^r Tirefort, en f^e toute quittance & cancellation néccss^res & qu'en reffus luy constraigne par touttes les rigueurs de justice portées tant par lesd. contracts d'obligation que autres actes de justice faicts, dadvantage d'aller ensuite au lieu de Berlatz pour requérir le sʳ Jean Calvayrac & Jean Oulieu, consuls dud. lieu, à luy payer la some de cent cinquante livres à luy deue par deux divers contracts, l'un de la some de cent livres retenu par led. Abram noʳᵉ le vingt septiᵉ octobre mil six cent cinquante neuf, & l'autre some de cinquante livres retenu par le mesme aussy led. jour vingt septiᵉ octobre aud. an mil six cent cinquante neuf, l'un & l'autre originellement expédié, & luy payer aussy les inthérests légitimement deubz et despans desjà faictz en défaut de payement, ensemble luy donne pouvoir de requérir en vertu du pʳ acte Jean Armengau & Jean Cavaillé, consul dud. Berlatz, à payer la some de quarante deux livres dix solz deue aud. feu Bourdin par acte d'obligation retenue par Jean Calvayrac noʳᵉ le sixiᵉ aoust mil six cent cinquante six, ensemble les inthérests légitimement deubs et despans faictz à faute de payement, et de plus de retirer des mains du sʳ Gédéon Calvayrac sʳ de Lalande, habitant de Berlatz, la some de dix neuf livres quatre solz par luy deue aud. sieur Bourdin par promesse escripte signée du sʳ Lalande le trentiᵉ juilhet mil six cent septante trois, comme aussy recepvoir du sʳ Bonnafous sʳ de Lalouvière la somme de dix huit livres par luy deue par contract expédié en original retenu par M. Jean Poumier, noʳᵉ d'Espérausse, le sixiᵉ octobre mil six cent septante cinq, donnant pouvoir aud. s^r Charles Bourdin, son procureur, de retirer payement de tous les susd. débiteurs & en fère toutes quittances nécess^{res}, & en reffus les y contraindre par touttes les rig^{rs} de justice portées par lesd. contractz d'obligation & autres actes de justice, et fère contr'eux toutes poursuittes nécess^{res} en justice, promettant d'avoir pour agréable tout ce que par led. Bourdin sera fait, ne le révoquer, ayns relepver indempne de sa charge de la sud. procuration, soubz obligation de ses biens soubzmis aux rig^{rs} de justice, présans Jean Jeasse & François Dumas soubz^{nés} avec led. s^r constituant & moy no^{re},

Bourdin.....Dumas.....Jasse......
Anglade, not.

Je soubsigné consents et veus que la présente procuration subsiste en sa force jusques à ce qu'elle soit par moy révoquée. Faict au Mas dazil led. jour.

Bourdin.

(Au dos de la pièce) : 5e 7bre 1676. Procuration faite par monsieur Bourdin ministre, au s^r Bourdin son fils,

N° XXIV.

Au Masdazil 6ᵉ sept. 1676.

Mon fils

Puisque vous estes porté sur les lieux de Vabres et Berlas, nous avons estimé que vous pourriés aller jusque là pour faire quelque effort contre les débiteurs qui se prévalent de mon esloignement. Je suis obligé par nécessité à cela pour en retirer le moyen de satisfaire à l'accommode' que j'ay fait verbalem' avec Mad. de Moles et son mary qui sans cela seront en estat et en résolution de me désoler n'ayant moyen autre de me deffendre contre la demande qu'ils me font de 3300¹ pour lesquelles elle tenoit en jouissance la méterie du Courdier & quelques autres petites pièces de terre dont le terme expire le premier novembre prochain. Par n'ᵉ accommodement il doibt prendre la meterie pour 2200¹ et les autres pièces détachées trouvent marchand pour 250¹ et doibt tenir en conte 250¹ pour les meubles, n'ayant trouvé personne qui ait voulu rien offrir de ceste méterie, quelque recherche que nous ayons faite. Ainsi je n'ay autre ressource pour remédier à cest affaire que ces petites debtes qui me restent de l'héritage de mon frère, n'ayant terme que jusques à la Toussaint. Ainsi je vous envoye une procuration avec les actes nécessaires pour aller à Berlas et à Vabre et y contraindre par les rigueurs de la justice les débiteurs y mentionnés. Je croy que puisqu'ils sont suffisamment requis, vous pouvés prendre un sergent entendu de Castres qui sçache faire les exploits nécessaires et faire exécuter sur les biens meubles ou bestiaux en telle sorte qu'ils en soient surpris, car s'ils en sont advertis, ils esquiveront l'exécution, quelque solvables qu'ils soient, pour après se prévaloir de n^{re} esloignement; vous pourrés encore prendre advis à Castres de quelque procureur comme vous devés vous y gouverner et conduire. Ces gens-là ne méritent pas qu'on les traite avec civilité. Le s^r de Berlats est chargé d'une partie de ceste somme pour un autre par convention faite avec luy; ainsi il se faut garder de luy et de son autorité. Ne fiés donc pas à personne nos actes expédiés en original, de peur qu'ils ne fussent enlevés, qu'avec grande précaution, car j'ay affaire à des gens qui ne fairoient pas conscience de me faire perdre mes debtes s'ils pouvoint, et si par cas ils vouloint vous liquider les intérêts et despens légitimement deubs et vous les payer contant, et la moitié du principal, vous ne leur donnerés point plus de terme que de tout ce mois courant pour l'autre moitié restante, car je suis résolu de les pousser et d'en tirer parti, s'il est possible, Dieu aydant. Ainsi vous pourrés aller faire ces diligences sans préjudice de plus ample saisie, ne voulant pas m'engager à une saisie en fons qu'à toute extrémité. Prenés garde qu'aucun de mes actes que je vous envoye ne s'escarte, ny la lettre de Jehan Calvairac, ny le mémoire que je vous envoye pour vous conduire dans ces poursuites, et surtout prendre garde à ne vous lier pas en donnant plus long terme que le mois courant. Je vous envoye la procuration pour agir et tous les actes y mentionnés avec cinq escus, ce qui a esté présentem^t tout n^{re} avoir sans la despense de Lescure que vous nous pourrés renvoyer, à laquelle nous avons pourvu. Faites moi savoir ce que vous aurés fait en l'affaire de Pistres de Sourèze et v^{re} résolution touchant v^{re} retraite de Puilaurent. Cependant je vous recommande à Dieu et à sa grâce. Nous sommes icy tous au mesme estat que vous nous y avés laissés. Je suis,

Mon fils,
V^{re} bien affectionné père,
Bourdin.

(Adresse) : A Monsieur
Monsieur Bourdin, proposant,
à Puilaurans.

N° XXV.

A Puilaurens ce 3ᵉ avril 1677.

Monsieur et très-honoré père

Je n'ay pas creu que je deusse vous écrire que je n'eusse quelque chose de positif à vous dire touchant les affaires que vous m'avez commises, ce que je feray aujourd'hui. Je fis mon voyage fort heureusement. Pour ce qui est de ma conduite, M. de Léran me fit mille honneurs, mais il me dit qu'il est très-mal avec Mʳ de Sᵗ Colombe depuis quelque tems. Ils sont en dispute pour des droits de seigneurie, l'un et l'autre prétendent que leur domaine s'estant plus loin qu'il ne fait, et la dernière fois qu'ils se virent ils se séparèrent très-mal édifiés l'un de l'autre, ce qui fit qu'il ne me peut accorder la recommandation que j'espérois de lui. Mais mon procureur m'a assuré que nos affaires sont très bien assurées, il me dit qu'il croyoit qu'on lui demanderoit procuration de vostre part pour poursuivre, et par sa dernière il me marque qu'on ni a pas manqué et qu'il est nécessaire que vous la lui envoyés au plu tôt, ce qui m'a fait résoudre à vous envoyer cet exprès avec la minute qu'il m'en a envoyée. Je vous envoye aussi la lettre affin que s'il en faut deux vous les lui envoyés. Je croy que vous ferés bien de faire passer cest exprés à Carcassonne en revenant, car autrement vous sçavés qu'on risque en différant. J'ay promis à cest homme 13 sols par jour, vous aurés la bonté de le payer, car de 17[1] que vous me laissâtes, j'en baillé neuf au procureur et le reste est fort écarté comme vous pouvés juger. J'ay pourtant déjà avancé vingt sols à ce porteur pour se mettre en chemin. J'ay consulté ces affaires à plusieurs personnes intelligentes qui m'ont dit que notre affaire est imperdable. Dès que vous aurés remis cette procuration, cette affaire s'avancera et j'yray moissonner ce que vous êtes obligé de semer maintenant. Je n'ay rien appris encore de Mr Durroy à qui j'ay écrit, je ne doute point qu'il ne m'accorde ce que je lui ay demandé. Je suis,

Monsieur et très-honoré père,
Vostre très-humble et très-obéissant fils et serviteur,

Bourdin.

Je salue avec respect ma mère.

(Adresse) : A Monsieur
Monsieur Bourdin,
f. m. d. J. C.
au Masdazil.

N° XXVI.

De la boutique de Messieurs Boyer et Lavaïsse, mar^{ts}.

Monsieur Bourdin, ministre à Sénégats, doibt du 24° janvier 1678, a prins Guibert de son ordre :

12 d[ouzaines] boutons de crin à soutane à 4^s. ^{d}.........	2^l	8^s
1 c[anne] soye à 20^s c., 2 pans trélis à 4^s pan..........	1	8
3 ca[nnes] 4 pans fleuret à 6^s ca[nne], 1 ca[nne] gallon à 3^s.........	1	4
2 ca[nnes] ruban noir large de Paris, à 5^s canne..........	0	10
10 pans burat noir à la jésuitte, à 45^s canne..........	2	16 3
	8	6 3

(Au dos de la pièce) : Nous sommes payés de la somme de huit livres six solz dernier contenue. A Castres le 5° avril 1681.

Boyer & Lavaysse.

Quittance de Mrs Boyer et Lavaisse.

N° XXVII.

Au Masdazil ce 27 may 1678.

Mon fils

Vostre frère m'a faict voir celle que vous luy avez escripte par laquelle vous me faictes sçavoir que le sr Burgairolles doibt me faire ouir catégoriquem{t}, auquel cas il faudroit comme je croi qu'il me fît assigner en personne dans mon domicile. Que s'il luy suffisoit de le faire en la personne de mon procureur et qu'il falut que je me fisse ouir par procureur, il faudroit m'envoyer les faictz sur lesquelz il veut que je responde et que j'envoyasse procuration à quelcun pour estre oui par procureur; mais je croy qu'il n'est pas besoin de tout cela pour le faire démettre de son opposition. Ainsi, ne perdés pas l'occasion de luy faire saisir toutes ses récoltes, si vous ne pouvés pas agir contre les séquestres des choses que vous aviés faites saisir il y a deux ans, de quoy vous n'avés jamais daigné m'escrire depuis vre despart d'ici. Quant à mes débiteurs de Burlas, vous ne m'avés non plus rien escript des condamnations q. vous aves obtenues contre eux il y a bien près de deux ans, tellem{t} qu'il me semble q. tout vre procédé n'est qu'un amusoir. Si j'eusse eu icy mes papiers, j'eusse peut estre faict quelq. pacte avec les messieurs Despérandieu caddetz auxquelz apartient le debte que j'estois chargé de payer à leur père, ou avec quelq. autres. Ainsi je vous prie d'en poursuivre une fin, car ces messieurs me pressent, et vous pouvés bien juger si je suis en estat de les payer sans vandre le meilleur de mon bien, si je n'ay point quelques expédients pour y remédier. D'ailleurs despuis v^{re} despart d'icy je n'ay peu sçavoir de vous que par v^{re} dit frère despuis quelques jours chose aucune de vos diligences. Dieu veuille que vous en fassiés de plus exactes dans le train de votre vocation, cela me consolerait du reste. Nous avons envoyé à M0^r de Larbont la perruq. que vous avés envoyée. Nous sommes icy tous en santé, par la grâce de Dieu, et avons receu lettres de vos frères tant de celuy qui est à Dièpe q. de celui qui est à Montivilliers; le dernier est guéri de sa fiebvre, et présente' ils sont tous en santé; Serrelongue est presque guéri de sa fluction. Le reste de la famille est en bonne santé. Nous attandrons de vos nouvelles par M. Bius ou par vous-mesme et seray tousjours

    Mon fils

        Vostre bon et affectionné père,

                Bourdin.

(Adresse) : A Monsieur
  Monsieur Bourdin, f. m.
    d. s^t Ev.
    à Sénégas.

N° XXVIII.

Nous soubsignés certiffions à tous qu'il appartiendra que les habitans du lieu de Sénégats sont dans une nécessité très-grande, et qu'à raison de leur petit nombre et des grandes affaires qui y sont survenues, ilz ne sont pas en estat de pouvoir fournir à l'avenir à l'entretien necess^re pour la subcistance du ministère quy y est exercé depuis fort long temps, pour laquelle raison nous les recommandons à la charité de nos frères. A Castelnaudari ce 18 juillet 1678.

De Juge, ministre.

(Cette signature est barrée dans l'original, ce qui ne l'empêche pas d'être très-lisible).

N° XXIX.

Du 14e 7bre 1679 de Castres.

Monsieur

Nous reçûmes l'ord^re une lettre avec un billet de change que vous avés fait à Mr Vistorte à Paris

de la somme de septante trois livres dix huit solz huit den.; ce billet a esté remis à nous. Nous vous prions nous faire sçavoir vostre dessain, affin que nous puissions luy escripre ce que vous aurés marqué. Attandant de vos nouvelles, nous sommes,
Monsieur,

Vos très humbl. servit[s],

Tribert et Albert.

(Adresse) : Monsieur Monsieur Bourdin f. m. d. E. à Sénégatz.

N° XXX.

Indication des gages de mon ministère pour l'an finy en sept. 1679 avec les billets.

A M[r] Bourdin est deub pour une année des gages de son ministère finie le 15ᵉ 7ᵇʳᵉ 1679. 250[l]

Indiquations de ceste somme

Sur M[r] Jaques Mercier	58[l]	2[s]	3[d]
Sur M[r] Beillard	63	0	9
Sur M[r] de Roug, chirurgien	69	61	2
Sur M[r] de Pille du Maz	47	17	5
Et sur M[r] Barbe	11	13	5
	250[l]	0[s]	0[d]

N° XXXI.

Nous soubsignés confessons debvoir à damoiselle Rachel de Falantin la somme de deux cens livres qu'elle nous a ce jourd'huy amiablement prestée pour acquitter un debte de nostre fils ayné par luy deub au s^r Aron Duroy, laquelle dite somme de deux cens livres prometons solidairement luy payer d'aujourd'huy en un an avec l'intérest suivant l'ordonnance, en foy de quoy nous somme icy signés ce trentiesme janvier mil six cens septente et neuf.

Bourdin....... M. de Larbont.

Controllé au Masdazil le 28e avril 1708 à fol. 19 du reg^{re} du con^{lle} des actes des no^{res}, receu trente sols.

Cazalas.

(Au dos de la pièce) : Du 30me Jeanvier 1680. Promesse de 200^l pour Made^{lle} de Falanty contre Mr Bourdin et sa femme.

N° XXXII.

L'an mil six cens quatre vingts et le vingt sixiesme du mois de Juillet après midy régnant Louis par la grâce de Dieu Roy de France et de Navarre en la ville de Rieux par dev^t moy notaire royal de lad. ville a compareu Mre Pierre Argelles prestre et recteur, de Latour scyndic du clergé dud. Rieux, lequel dressant la parolle par cest acte aux ministres, anciens du concistoire et autres habitans de la Religion prétandue réformée du Maz dazil auxquels il prétend le faire signiffier, et à tous autres qu'il appartiendra, leur a représenté qu'ils ne peuvent ignorer que le sieur Gotty n'aye fait il y a plusieurs années l'abjuration de leur religion, et comme au moyen de ce ses enfans soist masles que femelles sans distinction sont censés de la religion de leur père suivant les édicts et arrests du conseil, bien que leur mère face encore profession de lad. Religion prétendue Réformée, et que mesmes ils ne peuvent pas quitter la Religion catholique pour quelque cauze, raison, prétexte ou considération que ce puisse estre suivant l'Edict du mois de Juin dernier soubz les peines portées par icelluy contre led. contrevenant, et contre les ministres quy les souffriront dans leurs temples et assemblées d'estre privés pour tousjours de faire aucune fonction de leur ministère dans le royaume et d'interdiction pour jamais de l'exercice de ladite Religion dans les lieux où un catholique aura esté receu à faire profession de lad. Religion prétandue Réformée. A ces cauzes led. scindic proteste par cest acte tant contre les susd. Ministres, anciens et Concistoire dud. Mas dazil que des autres lieux où lesd. ministres & anciens du Mas dazil ont traduit ou pourront traduire les enfans dud. sieur Gotty pour esluder suivant leur coustume l'exécution des ordres du Roy en faveur de la religion catholique, au cas ils souffriront lesd. enfans dans leurs temples & assemblées ou les recevront à professer lad. Religion prétendue Réformée d'en poursuivre le chastiment suivant la rigueur du susd. Edict, et afin qu'ils ne prétendent cause d'ignorance a requis moy d. no^{re} luy retenir le présant acte pour estre signiffié, concédé en présence de Mrs Gabriel Sentaigne pra^{en} et Anthoine Daugés estudiant en philosophie, habitans dud. Rieux soubsignés avec le sieur requérant à l'original du présant et moy Jean Daugés no^{re} royal dud. Rieux requis sous ce cède. Argelles, p^{tre} & sindic, Daugés p^{nt}, Sentaigne présant ainsi signés.

L'an mil six cens huictante et le vingt et septiéme jour du mois de Juillet à la réquisition du sindic du clergé de Rieux quy a elleu son domicille tanseulement pour ceste signiffication à la maison de M. Maistre Rosselet, curé du Mas dazil, certiffie je Jean Rogé huissier en l'officialle chambre et bureau des décimes du diocèse de Rieux résidant aud. Rieux ay signiffié le présant acte tant aux ministres, anciens du concistoire et habitans de la religion P. R. du Masdasil qu'à ceux des autres lieus où lesd. enfans peuvent avoir esté traduits ou pourront l'estre à l'advenir et ay faict les protestations portées par icelluy parlant à Charles Bourdin, ministre dud. Mas trouvé en personne auquel ay doné copie tant dud. acte que du présant exploit luy déclarant le contorolle.

Rogé.

(Au dos de la pièce) : Acte signifié à la requisition du sindic de Rieux contre les enfans de Mr Goty le 26e juillet 1680.

N° XXXIII.

Monsieur et très cher cousin

C'est avec une joye extrême que j'embrasse les occasions de vous écrire et de vous renouveller les asseurances de mes très humbles respects. Il n'y a que très peu de jours que je suis de retour de Puylaurens, ou j'ay veu la femme du s^r Lagrave en estat de s'en venir au Mas pour vous faire des despens pour certaine somme que vous luy devés. Je n'ay pas voulu manquer de vous en donner avis, parce que par ce moyen vous éviterés tout ce que cette femme irritée pourroit vous causer. Croyés, mon très cher cousin, que l'inthérêt que j'ay à vostre repos et à vostre plaisir est la seule raison qui m'osblige de vous escrire sur ce chapitre, croyant que vous ne le prendrés pas en mauvaise part.

Je prens la liberté aussy de vous envoyer des thèses *de pœna peccati* que j'ay soutenues sous Mr Pérés le moix d'aoust dernier. Ayés la bonté de les recevoir comme une marque de la parfaite considération que j'ay pour vous, et en les lisant faites y vos remarques pour me les donner en temps et lieu. Je suis avec une ardente passion,

Monsieur et très-honoré cousin,
Vostre très-humble et très-obéissant serviteur,
Bayle.

Au Carla le 11e 7bre 1680.

Je présente mes très-humbles obéissances à mon oncle vostre père et le prie de lire aussy les thèses que je vous envoye à tous deux. Je n'oublie pas ma tante et tout le reste de v^{re} maison.

(Adresse) :   A Monsieur
Monsieur Bourdin fils f.
M. D. S. E.
Au Mas d'azils.

N° XXXIV.

A Paris ce 30e 9bre 1680.

Monsieur et très-cher frère

Monsi^r Milhau m'ayant agréablement offert de de vous faire tenir une de mes lettres, j'ay vouleu vous escrire celle-cy pour vous tesmoigner que l'ord^{re} dernier je fis réponce à une des vostres dattée du jour de la St Martin dernier, à l'adresse du s^r Malhol m^t à Those. Je ne sçay s'yl aura eu le soin de vous l'envoyer ayant remarqué son indifférence pour cela en ce que vous & mon père me marqués n'avoir eu aucune de mes nouvelles touchant la maladye & decèz de nostre caddet Descarpeille quy est mort à Harfleur dans la maison du s^r Jacques Haise, bourgeois, après cinq jours de maladye. Vous aurés soin de les f^e. retirer ou chés led. sieur ou au bureau des postes de Those, & m'indiquer pour la suitte une adresse plus assurée. Cependant comme je fay fonds que celle-cy vous sera fidellement rendue, je vous réitéreray succintement ce que je vous en ay dit plus particulierement par mes précédentes. Il tomba malade le dimanche premier jour de septemb. dernier & décéda le jeudy 5e du mesme mois à 9 heures du soir, après avoir esté consolé de Mr Pégorier, ministre d'Harfleur, visité de tous ses amis, secouru de médecin & chirurgien, servy par deux femmes nuit & jour à ses frais & despens, & en général il a esté pourveu de toutes les choses nécessaires & requises autant et peut estre mieux que s'il eût esté dans nostre maison, mais vous sçavés que contre 'a mort yl ny a point de remède. Après son decèz on m'a fidellement envoyé ses hardes, & le reste de son argent quy a servy à en payer le port, après avoir satisfait ceux quy l'ont servy pendant sa maladye & frais de son inhumation.

J'ay escrit à ma mère fort amplement, & sy vous voulés m'obliger, c'est de faire retirer mes lettres de chés led. s^r Malhol, ou du bureau des postes, estant bien ayse que vous soyés informés de toutes choses.

Vous m'obligerés aussy beaucoup d'escrire à Mr Rivière et solliciter mon père d'escrire à Mr de Fréjeville quy me demanda hier sy je n'avois receu aucune de vos nouvelles, & parce que je luy avais tesmoigné que mon père lui escriroit, je me sentis obligé, pour ne pas tomber en confusion, de luy répondre que je n'en avois receu aucune; c'est en partye à sa considération que je suis chés Mr Rivière, & les choses sont d'une telle manière que Mr Rivière et moy ne nous séparerons point sans luy avoir tesmoigné, & mesme sans son consentement.

Mr de Bonrepos est en Bretagne dont il sera de retour dans quelques jours; il est à présent surintendant de la marine. A son retour je luy rentray la lettre que mon père luy escrit, quoy que je la crois inutile.

Tous vos amis vous saluent. Donnés moy, je vous prie, de vos nouvelles au plustôt, et de toute la parenté, et croyés que je suis,

Votre très aff^{né} frère,
De Lasforgues.

Dessombs a eu tort de vous dire que j'estois chés Foissin, puisqu'à son despart j'estois encore logé dans un cabaret, mais il est vray que Mr Foissin m'avoit promis de prendre chés luy deffunt n^{re} caddet, et nous en estions convenus pour cinq ans, mais Dieu en a disposé autrement. Celle cy est ma 5e sur le sujet de son décèz.

Apprenés-moy, je vous prie, qu'est devenu le sieur Louis Mercier, frère de Cousé.

(Adresse) : Monsieur
  Monsieur Bourdin
   fils m. d. s^t. E.
    au Mas Dazils.

N° XXXV.

A Marseille ce 20 apvril 1681.

Monsieur & cher frère

Quand je vous escrirois cinq cens lettres, je croy qu'elles se perdroint toutes, ou vous ne feriés réponse à aucune. A mon despard de Paris je vous escrivis, de mesme qu'en passant à Lyon où je fis quelque séjour, et à mon arrivée en cette ville, où je vous marquois le sujet d'un voyage que je m'en vay faire en Candye où j'espère rester auprès de Mr Maillet, consul françois, par ordre de monsieur de Bonrepos. Sy vous m'escrivois & me marqués une adresse à Thoulouze, je vous escriray les particularités de tout. Vous pouvés addresser vos lettres pour moy ou a monsieur de Laquère (1), ou à mons^r Charles, thrésorier des gallères, ou à m^r Cazeneuve, mar^t en cette ville, auquel j'ay laissé tous mes papiers parmy lesquelz sont ceux concernant le décèz de n^{re} caddet Descarpeille que je n'ay pas vouleu emporter en cas de mort. Je suis sur mon despard. Continués-moy, je vous prie, l'honneur de vostre amitié, & soyés persuadé que je suis passionément, après vous avoir réitéré que vous n'aurés point de mes lettres que premièrement je n'en aye des vostres,

Monsieur et très-cher frère,

Vostre très-aff^{né} frère,

De Lasforgues.

Je vous prie escrire à monsieur de Laquère et le remercier de tous les témoignages de bien-

---

(1) « Il (François Dusson) laissa sept enfans, trois filles qui sont toutes trois mariées, et quatre garçons, Salomon Dusson, seigneur de Bonac, Bezac, Montolieu, et Seignaux, capitaine de chevaux légers, François Dusson, seigneur de Bonrepaux, commissaire général de la marine, Tristan Dusson, seigneur de Laquère, capitaine d'un des vaisseaux du Roy, Jean Dusson, major général des dragons. » (La Troussière, *Vie de François Dusson*, 2e partie, p. 24).

veillance que j'ay receus de luy, ou faire en sorte que mon père luy escrive.

Je salue avec respect ma mère, & toute la parenté en général. Depuis ma lettre escrite, Monsieur de Laquére m'a chargé de vous asseurer de la continuation de son amitié, & de fe. ses baisemains à toute la parenté.

N° XXXVI.

De Londres ce 3ᵉ aoust 1682.

Monsieur

Vostre lettre m'a esté envoyée en ville; ce que me marqués dans icelle m'a extrêmement surpris dans l'abort, mais comme je suis assés acoustumé de m'avoir veu de bonnes et de méchantes affaires, je me fais une habitude de tout. Puisque monsieur vostre père est dans le sentiment de se faire relepver de l'obligation qu'il consentit en faveur du sʳ Duroy, je y consens, pourvu qu'il le puisse, car je croy que lhors qu'il s'obligea, il estoit bien d'âge à cella; je me prépare d'essuyer un procès et d'en voir une fin sans qu'il y employe tout son bien. Je ne m'attendés pas, je vous assure, qu'après avoir perdu 50 pistoles et davantage avec le sʳ Duroy, monsʳ vostre père me demandât des remises à moy quy ne suis que cessionnaire ; il a tord de ne m'avoir pas dit cella despuis quatre ans que je luy ay fait cognoistre que j'estois son créantier. Je suis fâché, monsieur, de ne pouvoir pas faire ce que me demandés, je suis cependant bien obligé à vos honnêtetés, je vous assure que cella sera avec bien du regred que je me verray en affaires avec mons' vostre père. Ne trouvés pas estrange que j'employe de mon costé mes amis et leurs soings pour me faire payer ce qui m'est deub ; sy je ne le puis pas, je m'en consoleray comme d'autres affaires quy me sont arrivées. Cependant, monsieur, agréés que je vous offre mes très-humbles services et que je vous assure que je suis tousjours,

    Monsieur,
Vostre très-humble et très-obéissant serviteur,
                                  D'Aspe.

(Adresse) : A Monsieur
              Monsieur Bourdin fils
              ministre
                  au Maz Dazil.

N° XXXVII.

Estat des biens délaissés par mon père.

La maison et le jardin avec tous les meubles .... 1800[1]

Plus las Esclamenses..................	1200ˡ
Plus la vigne du Riu de Barthe.........	500
Plus Pétère ou la Bourguère...........	300
Plus le champ de la Serre.............	100
Plus la maison des Gousis avec tous les matériaux qui y sont.................	300
Plus la maiterie de la Cassenède........	2000
Plus en debtes actifs..................	1400
Plus en cavaux.......................	100
Plus la maison de Pradals, vigne, jardin et meubles........................	500
Plus les prétentions sur le bien de ma mère.............................	1500
	8700

Estat de ce que mon père doit :

A Mʳ Apelle........................	650ˡ
A Mˡˡᵉ de Baricave...................	300
A Mˡˡᵉ de Falantin...................	242
A Mʳ Doumenc......................	370
A Mʳ Beillard.......................	260
A Mʳ Molles	300
A Mʳ de Paule......................	54
A Lescuresse	130
A Marthe Doumenc de Saverdun........	100
A Loupiac..........................	26
A Bourdin le fils....................	150
Monte en tout.....	
Reste........	6150

De 6150ˡ la moitié m'appartient co⁰ héritier, reste donc pour mes frères 375ˡ. Si pour cette somme, ils veulent prendre à jouir du fonds, j'y consens et je leur en baille à choisir.

Nᵒ XXXVIII.

Quittance de Mˡˡᵉ de Baricave.

Je souss. mère et légit. admin. de mes enfans et de feu Mʳ de Bar. minis. déclare que led. sʳ a esté payé par le conʳᵉ de cette égl. des entiers gages qu'on lui devoit pendant tout le tems qⁱ y a servi et promets ne leur en faire jamais aucune demande.

Fait au M. daz. le 5ᵉ avril 1683.

Margot de Canitrot.

Quittance de Bourdin le fils.

Je déclare que je suis entiʳ satisᵗ de la pension que le conʳᵉ me fait pour l'entretien de mon ministère poʳ l'année mil six cent quatre vint, 1680, promettant de ne lui en demander jamais rien. Fait au Mas daz. ce 3ᵉ avril 1683.

Bourd. ministre.

Quittance de Mr Bourdin le père.

Je souss. déclare être entièr{t} satisfait des gages que l'égl. prét. réf. du Masdaz. me donne po{r} l'entretien de mon ministère jusques à l'année finie en mil six cens quatre vints, promettant de n'en faire jamais aucune demande. Fait au Mas ce premier d'avril mil six cens quatre vints trois.

Bourdin, min.

(Au dos de la pièce) : Quittances que nous ministres avons faites.

N° XXXIX.

Caterine Faur, fille à [Fran]çoise et Anne Delmas est née le 25ᵉ x{bre} 1683 et battisée le 1ᵉʳ janvier 1684. Parrin et mar. le sr Jacques Ladevèse et dam{lle} Caterine Beillard.

Bartélemy Rainaud, fils à Jean et d'Anne Massat, est né le... jan{er} 1684 et battisé le 23ᵉ dud. mois. Parrin et mar. le sr Falantin et dam{lle} Ester d'Escaig.

Rachel Mercier, fille à Jean et de Paule Courrent, est née le 22ᵉ jan{er} 1684 et battisée le 30ᵉ dud. mois. Parr. et mrr. Daniel Vignau et Marie Mondis.

Daniel du Lac, fils à Pierre et de Marie Toulza, est nay le 27ᵉ janᶜʳ 1684 et battisé le 30ᵉ dud. mois. Parrin Pierre du Lac le père qui l'a présenté pour son fils aîné et marrine Judie du Lac.

Pierre Roux, fils à Jean et de Caterine Mercier, est nay le 24ᵉ janvᶜʳ 1684 et battizé le 30ᵉ dud. mois. Parrin et marine Jacques Mercier et Judich Ladevèse.

Rachel Mercié, fille à Jean et de Paule Courrent aagée de huit jours, est décédée le 29ᵉ janvᶜʳ et enterrée le lendemain.

Madelaine Boudonis aagée d'environ dix ans est décédée le 18ᵉ janᶜʳ 1684 et enterrée le lendemain.

Février.

Paul Mirouse, maréchal aagé de 83 ans, est décédé dans sa maison le premier jour de février 1684 et fut enterré le lendemain.

Le sʳ Elie Barbe, marᵈ apoʳᵉ aagé d'environ 60 ans, est décédé dans sa maison le 2ᵉ février 1684 et fut enterré le lendemain.

Les noms de ceux à qui il faut donner des témoignages :

Pierre Founaud, aagé d'environ 20 ans ;
François Lafont, âgé d'environ 25 ans ;
Jean Escaig, aagé de 20 ans ;
Pierre Massat, aagé de 20 ans ;
Blaise Laffont, aagé de 25 ans ;
Daniel Laffont, aagé de 20 ans ;
Isaac Galès, 15 ans.

N° XL.

A Saverdun 22° fév. 1683

Monsieur

En l'absence de mon père, j'ay receu la lettre que vous avés prins la peine de luy escrire et celle pour Mr Bar avec les 29^l. Il ne manquera pas de fère ce dont vous luy escrivés, de quoy je vous prye d'en estre persuadé et de me croire avec beaucoup d'atachement.

Monsieur,
Vostre très-humble & très-obéissant serviteur,
Desombs,

(Adresse) : A Monsieur
Monsieur Bourdin fils
ministre
au Masdasils.

N° XLI.

A Marseille ce 10 avril.

Je suis extrêmement obligé, Monsieur, à vostre souvenir. J'ay envoyé vostre lettre à vostre fraire en Candie où il est toujours et où il a un fort bon employ que je tâcherai de luy faire continuer tant qu'il dépandra de moy. Si je puis vous être utile a quelque chose, je serai ravi de trouver occasion de vous faire voir que je suis,

Monsieur, vostre très-humble serviteur,
Laquère.

(Adresse) : A Monsieur,
Monsieur Bourdin,
ministre du Mas
Au Mas d'Asils.

N° XLII.

Le 8...................... (1).

Je commencerai par voir le successeur de Léonard pour sçavoir s'il a nos papiers, et en cas il ne les ait point j'écrirai à Léonard qui est à Nismes.

Il est dangereux de faire une queste, cela ne vous est pas inconnu. Ceux qui ont du zèle et de la charité mettront au bassin ou au tronc ce que leur charité leur inspirera.

Il n'est pas important de voir le procès de M.rs les....... cependant il n'y auroit pas de mal de le voir sy ça se peut aysément.

L'assignation qui vous a esté faite est sans doute à 15 jours et 8 jours que l'on a pour cela, sy bien

(1) Le mois et l'année ne sont point indiqués (O. de G.).

qu'en voilà jusqu'après les Rois. Pendant ce tems-là assemblés tous vos papiers et tous vos mémoires, et lorsque le délai finira, envoyés un honéte homme pour deffendre, car enfin c'est le plus court, et après avoir considéré les inconvéniens qui se présentent de part et d'autre, nous avons trouvé que celuy de ne pas prier Dieu et de n'avoir pas de culte est le plus violent et le plus affligeant. Il faut estre prest à tout évènement et prendre tout ce qui nous arrivera pour le meilleur. Il ne faut point que nostre rabaissement nous donne de rebut, il ne faut point aussy de honte d'une religion affligée, et ainsi il faut fortifier ceux qui pourroient tomber dans quelque découragement.

Je ne veux point augmenter votre affliction en vous faisant un détail lamentable des malheurs qui nous arrivent tous les jours depuis la St Martin. La démolition du temple de Montpelier et l'interdiction de son exercice nous afflige mortèlement; Montauban va estre dans le mesme estat, cela est presque inévitable.

Je suis bien aise d'estre au bout de mon papier pour ne vous entretenir pas davantage de nos maux.

(Adresse) : A Monsieur
   Monsieur Bourdin
    le fils ministre
     au Masdasil.

N° XLIII.

Mémoire des livres que j'ay vendus.

A moy mesme deux..............	2^l	10^s	solvi.
A Mr de Larbont deux...........	2	20	s^t.
A V^{lle} de Beillard un.............	1	5	s^t.
A Mr de Batx deux...............	2	10	s^t.
A Mr de Thénac un..............	1	5	s^t.
A Mr Montfalcon un.............	1	5	s^t.
A Mr Milhorat un...............	1	5	s^t.
A Mr de Pille un................	1	5	s^t.
A Mr Gorce un.................	1	5	s^t.

(La liste ci-dessus est due probablement à Charles Bourdin, fils d'André Bourdin, et pasteur au Mas-d'Azil avant la Révocation; car le second feuillet de l'original contient une liste de recettes qui ne sont évidemment que les cotisations des fidèles pour les gages de leur pasteur et qui sont datées du 23 mai 1683 et du 29 mars 1684. Il ne peut être question d'André Bourdin qui mourut en 1683).

N° XLIV.

Le cayer de Mr Barbe monte 30^l 18^s 28.
(barré dans l'original)

Mr Barbe m'a baillé............	10^l
Mr de la Risolle................	10

Mr Langlois....................	22^l	0^s	0^d
Mr Peiruc.....................	22		
Mr Roufiac....................	21		
Mr Montfalcon.................	9	14	78
Mr Pons......................	22		
Mr Dupias.....................	9		
Mr Mauri......................	7		
Pierre Mauri....................	33		
Mr Laborde....................	3, plus m'a		

baillé 4^l 10^s, plus m'a payé deux livres huit sols ce 29e mars 1684, si bien que pour achever de me payer il ne me reste que huit sols.

Mr Verger.....................	33		
	229^l	14^s	78^d

Ce rôle est de ce qui m'a esté payé; ainsi conté le 17 février 1683.

38^l 3^s, c'est ce que Mr Peiruc m'a baillé en tout ce 23 may 1683.

Outre ce dont j'ay fait quittance à Mr Verger il m'a baillé 2^l 6^s ce 23 août 1683.

Mr Galès m'a baillé 3^l ce 23e aout 1683.

Mr Dupias m'a baillé..................	9^l	0^s
Plus une livre dix sols...............	1	10
Plus deux livres dix sols.............	2	10
Plus à Mr Dupigné..................	3	
Plus de Chapeaux ou Pigné...........	2	

Plus po^r Mr Barbe apo^{re}...........	8^l	8^s
Plus po^r Darrien.................	1	4
Plus po^r Louis Mercier.............	1	
Ainsi arresté avec M. Dupias ce 25e x^{bre} 1683..................	28	12

Mémoire de ce que Mr Maury m'a baillé :

1°............................	7^l	
Plus...........................	1	10^s
Plus...........................	1	10
Plus...........................	9	
Plus...........................	3	
Plus pour le Perruq..............	1	10
Plus au consul paiés en avoine.......	5	18
Monte tout...............	29^l	8^s

N° XLV.

A Castres le 8e avril 1684.

Monsieur

Après vous avoir fait mon compliment de condoléance sur la mort de feu M^r vostre père, vous agrécrés que je me plaigne du manquement de la parolle positive que vous me donnâtes l'année passée touchant mon reste de capital. J'y avois sy fort conté et j'y conte encore n'ayant point d'autre ressource que de par vous. Ne soiés point fâché pour cest effet que je vous envoye Mr Hugony, il vous dira luy mesme en quel estat sont mes affères, suffit qu'il vous die que je suis marié depuis un an passé, que je poursuis la distribution d'un bien dont les fraix sont considérables, qu'il faut absolument que je batisse ce printemps pour me mettre à couvert, et que pour tout cella il me faut lever mes meilleurs effets. Voilà l'aveu sincère de l'estat de mes affères; sy vous y faites réflexion, je m'assure que vous m'accorderés mon payem^t, car autrement la nécessitté m'obligera à vous fère des fraix; évités-les, je vous en conjure, car ce sera tousjours avec douleur, puisque je suis,

Monsieur,

Vostre très-humble et très-obéissant servit^r,

Hespérandieu Lacalm.

(Adresse) : A Monsieur
Monsieur Bourdin ministre
Au Masdazil.

N° XLVI.

A Monseigneur l'Intandant.

Supplie humblement dame Jeanne de Bourdin, veuve à feu noble Paul Damboix, habitante du Masdasil, sœur à feu Charles Bourdin, ministre de ceux de la R. P. R. du Masdazil sorti hors du royaume en 1685 sur l'ordre général donné par sa majesté à tous les ministres de cette religion de sortir du royaume,

La suppliante représante à votre Grandeur que l'année 1699 le régisseur des biens des réfractaires fit saisir les biens dud. feu Charles Bourdin comme s'il estoit de ce nombre ; feu Pierre Bourdin, frère dud. Charles, présanta une req^te à Monseig^r Legendre, pour lors intandant, dans laquelle il expose que led. Charles Bourdin estant sorti hors du royaume par ordre du Roy, ses biens n'estoit pas sujets à estre mis en régie. Sur ceste req^te il rendit une ordonnance en contradictoire défance le.. ..... par laquelle il luy accorde la mentenue aux dits biens. Le sieur Lemercié procureur de Mr Plésart en taissant cette ordonnance a obtenu de Votre Grandeur une ord^ce le 26 mars dernier quy luy permet de saisir les biens dud. Charles Bourdin. Sur cette ordonnance il a fait saisir non seulement ses biens, mais tous les biens délaissés par feu André Bourdin, & Marguerite Ducasse mariés, comme s'ils apartenoint aud. Charles Bourdin. Mr André Bourdin, père de la suppliante estoit marié avec lad. demoiselle Ducasse, lequel mourut ab intestat en 1680 (1). Il laissa cinq en-

(1) Il y a ici une erreur ; André Bourdin mourut en 1683 (O. de G.).

fants qui sont led. Charles, Pierre,........... et la suppliante. Son bien concistoit une petite meterie appellée la Cassenète, un champ au Masdasil qui auroit esté vandu pour payer la debte générale, une maison et une vigne. Les autres biens apartenoint à lad. Ducasse sa femme. Led. Charles Bourdin estant sorti hors du royaume avant la mort de lad. Ducasse leur mère et des dits Bourdin ses frères ne put avoir aucune part à leur héritage qui apartient en seul à la supliante. Il n'auroit donc qu'un 5e du bien délaissé par feu André Bourdin leur père. Ainsi c'est mal à propos que led. s^r Le Mercié a fait saisir tous les biens délaissés par André Bourdin & Marguerite Ducasse. La distraction des biens de lad. Ducasse & des poursions de la supliante & de ses frères de qui elle est héritière ne souffrant auquune difficulté, elle espère que votre Grandeur aura la bonté de les distraire. Le cinquieme du bien paternel qui apartenoit aud. feu Charles Bourdin, ministre, ne pouvoit pas non plus estre saisi : 1° Il est sorti hors du royaume suivant l'ordre que le Roy en avoit donné par l'Edit du mois d'octobre 1685 par lequel il est ordonné à tous les ministres de la R. P. R. de sortir hors du royaume dans 15 jours sur peine des galères, et il leur est défandu par la déclaration de juillet 1686 d'y rentrer sans permission. S'il n'avoit pas obéi, il auroit esté réfractaire; ne l'estant pas, il n'est pas dans le cas des déclarations que le s^r Lemercié cite & par conséquent on n'a peu faire saisir le bien dud. Charles Bourdin — 2° L'ordonnance de Mr Legendre estant randue en contradictoire défance & n'ayant pas esté attaquée dans les dix ans passant en forme de cause jugée, le s^r Lemercié n'a pas peu demander la permission de saisir — 3° Tandis que cette ordonnance subsistera, il ne peut pas estre écouté dans auquun tribunal du royaume. Ce considéré la suppliante voudroit demander qu'il plaise, Monseig^r, à vostre Grandeur la recevoir bien opposante envers votre ord^{ce} du 26 nov. dernier qui permet la saisie & sans avoir égard cesser la saisie, ordonner aux sequestres de remetre à la supliante les fruits qu'ils ont perceus tant des biens qui lui apartiennent en propre comme héritière de sa mère et de ses frères que de ceux de feu Charles Bourdin son frère de qui elle est héritière ab intestat avec défances aud. s^r Plésart et autres de la troubler à l'avenir dans la possession dud. bien & ferés très-bien.

N° XLVII.

Dès avoir reçu votre lettre, mon cher frère, je n'ay pas manqué de venir icy demander à monsieur le maréchal un sartificat comme vous me demandés; je vous l'envoie et soite de tout mon cœur qu'il vous serve comme vous soités. Je voudrés estre en occasion de vous faire de plus gros plesirs.

Nous ne savons encore rien de nostre destinée, nous atendons des ordres de jour en jour pour camper, les ennemis n'ont pas encore fait de mouvement. Je viens d'acheter deux chevaux quy me coûtent quatre cens livres; ne jugés pas par là que j'en sois plus riche, mais c'est parce que je n'ay pas peu faire autrement.

Je suis extrêmement sensible à l'honneur que ma cousine de Larbont me fait de se souvenir de moy; asseurés-la que personne au monde ne l'honore plus parfaitement que moy. Je suis fâché de l'indisposition de monsieur son frère le capitaine, vous me fairés plésir de luy faire mes complimens. J'embrace de tout mon cœur mon cousin de Martinat et généralement tous nos parans et amis. Escrivés à mon frère très-souvent et asseurés-le que je prens beaucoup de part à tout ce qui le regarde. Je me réjouis beaucoup de la bonne santé de ma mère; j'ambrace de tout mon cœur ma chère sœur et à vous de quy je seray toute ma vie avec beaucoup d'atachement, monsieur mon très-cher frère, votre très-humble et très-obéissant serviteur,

Bourdin.

A Pignerol ce 13me may 1693.

N° XLVIII.

Monseigneur Orry, intendant de la province de Roussillon et pays de Foix.

Supplie humblement M⁽ᵉ⁾ Paul Plessart, préposé général par arrêté du 22 février 1724 à la régie des biens des religionnaires réfractaires aux ordres du Roy, poursuite et diligence de M⁽ᵉ⁾ George Louis Lemercier du Chalonge, son procureur général et spécial en la province du Roussillon et pais de Foix, disant qu'en conséquence de l'ordonnance rendue par M⁽ʳ⁾ Delahoussaye, intendant de la généralité de Montauban et païs de Foix, le 19 juin 1699, les biens de Charles Bourdin, fugitif du Masdazil, furent prins et séquestrés au profit de sa Majesté, sur la saisie il fut procédé le 3⁽ᵉ⁾ 7⁽ᵇʳᵉ⁾ 1699 par le subdélégué dud. païs de Foix au bail afferme des fruits et revenus desd. biens, lesquels furent adjugés à Izac Laborde, marchand du Mas-d'Azil pour la somme de 50 livres pour chacune des années 1699 et 1700 et donner pour sa caution Jean Bustié, habitant dud. Masdazil, qui s'obligea solidairement avec led. Laborde au payement du prix du bail, et comme led. Bourdin ny sa caution n'ont pas rendu aucuns comptes ni payé le prix dud. bail ce qu'ils ont jouy desd.

biens depuis 1701 par tacite réconduction sans pareillement avoir payé le prix du revenu desd. biens, et attendu qu'il est de l'intérest de sa Majesté de faire rendre compte aud. Bourdin et à sa caution du prix dud. bail et ce depuis l'année 1699 jusqu'à ce jour, soit en deniers ou en quittances valables, et qu'il est très-important que lesd. biens soient saisis de nouveau et remis en régie pour le compte de sa Majesté, c'est ce que le suppliant ne peut faire sans vos ordres, à l'effet de quoy il a recours à votre authorité et requiert que,

Ce considéré, Monseigneur, veu lad. ordonnance, ensemble le bail afferme des biens ayant appartenu aud. Bourdin fugitif, il vous plaise ordonner que dans huitaine du jour de la signification de votre ordonnance led. Laborde et sa caution rendront compte au procureur du suppliant des revenus desd. biens depuis l'année 1699 jusqu'à ce jour, soit en deniers ou en quittances valables, ce que faute par eux d'y satisfaire dans led. temps icelui passé ils seront solidairement contraints par toutes voies et par corps au payement de la somme de 50¹ par chacune des années 1699 et 1700 et celles suivantes qu'ils ont jouy par tacite réconduction desd. biens et en attendant la rédition desd. comptes permettre au suppliant de faire saisir de nouveau lesd. biens pour être ensuite remis en afferme pour le compte de sa Majesté et que le bail en sera passé suivant et conformément aux arrêts du Conseil des 26 aoust et 4e décembre 1727 et que votre ordonnance sera exécutée nonobstant toutes oppositions ou appellations quelconques pour lesquelles il ne sera différé et fairés justice. Lemercier du Chalonge.

Veu la présente requête et les pièces y mentionnées,

Nous ordonnons que lad. requête sera communiquée à Isaac Laborde, marchand au Masdazil, pour y fournir de réponses dans huitaine, par led. Bort subdélégué à Foix que nous avons commis pour entendre les parties sommairement et dresser procès-verbal de leurs dires et contestations pour ce fait et à nous raporté être ordonné ce qu'il appartiendra, et cependant permettons au sr Plessart de faire saisir de nouveau les biens appartenans à Charles Bourdin du Masdazil, fugitif, dont il sera passé ensuite un bail pour trois années par led. sr Bort en se conformant aux dispositions de l'arrêt du Conseil du 26 aoust 1727 qui règle la forme qui doit être observée pour la passation des baux des biens des religionnaires. Fait à Perpignan le 26 mars 1729. Orry signé.

L'an 1729 et le sixième jour de may par nous J. Lapause, huissier au sénéchal de Pamiers soubs⁶, à la requête dud. Paul Plessard, suppliant, poursuitte et diligence de Mʳ Lemercier son procureur spécial qui a éleu son domicile dans son bureau à Pamiers, la requête et ordonnance dont copie est cy-dessus a esté séquestrée aud. sieur Isaac Laborde, fermier des biens du sʳ Bourdin habitant du Mas, aux fins d'y répondre conformément à lad. ordonnance en parlant à un fils dud. Laborde trouvé à son domicile au Masdazil et baillé cette copie.

Lapause.

(Au dos de la pièce) : Pour les hérˢ Isaac Laborde, fermier des biens de Charles Bourdin.

N° XLIX.

P. L. 120. 0ˢ. A Toulouse ce premier octobre 1712.

Monsieur, en prochains payemants de saints il vous plaira payer par cette seconde de change, ma première ne l'estant, à l'ordre de Mademoiselle de Bourdin à Bexrière Aigle en Suisse la somme de cent vingt livres en espèces sonantes valeur reçue comptant de Monsieur Beillard du Mas que note-terés sur notre compte suivant l'avis de

Votre humble et obéissant serʳ,
Darcin (?) frères.

A Monsieur Fessy banquier à Lyon.

N° L.

Monsieur mon oncle

Celle-ci est pour vous remercier très-humblement du présent que vous avés eu la bonté de me faire, je vous promets de n'en être jamais ingrat. Si Dieu me fait la grâce de vous pouvoir embrasser un jour, je vous assure que vous serés content de mon respectueux attachement auprès de vous. Je suis de toute mon âme,

Monsieur mon oncle,
Votre très-humble et très-obéissant serviteur,
C. Bourdin.

Je présente mes très-humbles respects à ma tante.

N° LI.

Monsieur mon très cher frère,

Il faut que je vous annonce que je suis estresmement surprise de vostre long silence ; je ne doute pas que vous ne soiés très-persuadé que je suis dans une continuelle afliction depuis que Dieu a retiré une partie de moi mesme à soi : j'an ai pour toute ma vie à pleuré et soupiré. Mès Dieu me fait cète grâce de reconnoître qu'il est bon é la bonté même é qu'il a trouvé à propos de me faire pasé par cet épreuve afin de me détacher de cète terre é d'élevé mon âme à Dieu. Je lui demande avec ardeur la conduite de son bon esprit é pour mes povres enfants; j'apréande de ne les pouvoir pas faire élevé selon leur condition, je les aime tandrement é les regarde avec mal au cœur. Tant que leur père vivoit, je ne m'estonnois point, il avoit asès d'adresse é d'amis pour donner ordre à tout ; à présent je ne puis le faire qu'il ne m'an coûte boucou. Je vous prie de considéré mon état, mon cher frère, é de donné quelque chose tous les ans aux enfans de vostre frère pour leur éducation ; mon povre mari me disoit toujour que vous ne manqueriés pas au besoin ; cet pour cela que je m'adresse à vous comme à la personne la plus intéréssée pour ma famille.

Je vous prie de me donné de vos nouvelles é de ma bellle-sœur é de son cher épous. Je soite de savoir si elle a des enfans, je lui en soite si Dieu le trouve à propos, é fai mille vœux pour vous é pour èle é suis de tout mon cœur, monsieur mon trèscher frère,

Vostre très-humble é très-obéissante servante,

M^{ie} de Gauside Bourdin.

Ma mère vous salue très humblement é à ma seur; mes filgles en font de même, je l'anbrace mile fois. Mon fils est à Vevai. Je vous prie de faire mes complimens à nostre parranté de part é d'autre. Je vous suplie de me faire teni cète letre à mon cousin Rotés par de mains asurées ; il m'est très nésère qu'il la reçoive, je lui demande du secours ausi. Si vous êtes dans le sentiment de faire du bien à vostre neveu (s'il étoit ici il ne manqueroit pas de vous asuré de ses très-humble respect), vous pouvés remètre en même tems que mon cousin Rostés é m'anvoié une lètre de change : vous réjouirés fort mes enfans de voir que vous avés soin d'eux.

Fait à Bex ce 22 octobre 1708.

(Adresse) : A Lion pour Toulouse
Monsieur
Monsieur Serrelongue
Bourdin
Au Mas dasils.

N° LII.

Fait à Bex ce 4 juillet 1709.

Monsieur mon très-cher frère

Je n'auré pas tant tardé à vous éscrire, més Mʳ Desvignals me dit qu'l avoit écrit à Mʳ le chevalier de Langlois son cousin de vous dire que j'avais receu votre lètre. Je vous remercie très-humblement de votre bon souveni, mes enfans s'ans sont fort réjouis. Jé envoié vostre lètre à mon fils qui est à Vevay pour lui faire plaisir, elle a été fort bien acquitée. Je vous prie, mon cher frère, de continuer toujours vostre amitié & bon souveni envers nous; je espère, s'il plaît à Dieu, que mes enfeans vous en témoigneront leur reconnoissance. Je prands grand part à tous vos chagrins ; patiance en toutes choses ; Dieu pourvoira à tout par sa grâce. Je croi que vous serés bien èse de savoir que leurs excélances me font une petite pantion. Comme la coutume de ce païs est de donner un petit secours aux veuves des ministres du païs tant qu'èles portent le nom de leur mari, on m'a mise du nombre. On donne tous les ans deux saigs de froment & deux d'avoine & trois éceus blangs : set peu de chose, mès je loue Dieu de tout mon cœur de se con me trète comme cèles du païs. Nous sommes en santé, Dieu merci ; je soite que vous puissiés m'an dire autant & suis,

Monsieur mon très-cher frère,

Vostre très-humble & très-obéissante servante

M^{ie} de Gauside.

Ma mère vous salue et embrace mille fois; mes filles vous asurent de leurs très-humble respect, & à ma sœur, vous lui ferés mes complimens de ma part, si vous plaît ; je fai mille veux pour èle & son cher épous & sa famigle. Je salue très-humblement mes cousines Denvoy. Je vous prie de donner de mes nouvèles à mes cousines Descaig & les salué de notre part, mes cousins Descaig & ses seur & mon cousin d'Huillet & ses seurs. Més très-humbles complimens à ma tante de Bouchou & mes cousines ses filgles ; vous ferés de même à ma cousine de Grauve. Ma cousine de Sentenac est en pène pour son fils dès qu'èle n'a pas de nouvèles dans le temps qu'èle se propose, elle est en alarme. Si vous me fètes l'onour de m'écrire, vous m'an donnerés pour lui en fère part. Mr Desvignals & messieurs de Barbe m'ont chargée de vous faire leurs complimens de leur part ; le viliet (1) que vous m'avés renvoyé, je ne sé d'où il vient, més cela ne me fait aucun mal ni bien.

(Adresse) : A Lion pour Toulouse
Monsieur
Monsieur Bourdin
Serrelongue
au Mas dazils.

N° LIII.

Monsieur et très-honoré oncle

Si je n'avais tant tardé à vous écrire, je serois moins confus que je le suis de ne vous avoir pas donné de mes nouvelles plutôt, mais comme j'ay receu des marques de votre bonté, j'aurois cru être un ingrat, si je ne vous disois, quoy que fort tard, que je ressens fortem^t l'obligation que je vous

(1) Lisez le billet (O. de G.).

ay, & vous prier de continuer à m'aimer comme je vous chéris. Je vous prie d'assurer ma tante d'Amboix que j'ay pris beaucoup de part à son affliction & fais mille veux au ciel pour sa consolation & pour la conservation de sa chère famille que j'ayme de tout mon cœur. Je vous (prie) encore de vouloir nous écrire de six en six mois pour savoir l'état de votre santé & celle de Mademoiselle ma tante. Nous attendons avec impatiance que la paix se fasse, croyant que sy elle se fait, les réfugiez pourront en liberté aller et venir en France. Si cela est, j'espère avec l'ayde de Dieu de vous aller embrasser comme ma mère me promit, et je vous diray de vive voix qu'il n'y a personne au monde qui me soit si chère que vous et pour qui j'aye plus de considération, ce qui me cause une joye que je ne vous saurois exprimer qu'en vous supliant d'être persuadé que je suis avec un profond respect,

Monsieur mon très-honoré oncle,
    Votre très-humble et très-obéissant serviteur et neveu,

A Bex ce 27ᵉ avril 1710.   Bourdin.

Ma grand mère et ma mère qui vous écrira au premier jour et mes sœurs vous saluent très-humblem¹ et font avec moy mille veux pour votre prospérité. Mʳ Desvignals vous salue aussi, il n'a aucune (nouvelle) de Mʳ son frère ny de Mʳ son cousin, depuis longtems il en est fort en paine —

Je me flatte que vous aurés la bonté de m'honorer d'un mot de lettre.

(Adresse) : A Lion pour Toulouse
A Monsieur
Monsieur Bourdin de Serrelongue
au Masdazils.
A Toulouse pour le Masdazils.

N° LIV.

§ 1

Monsieur mon très-honoré oncle

J'ay été bien èse de recevoir la vôtre puis qu'elle m'aprent que vous êtes tous en bonne santé, nous le sommes aussi par la grâce de Dieu. J'ay été fort surpris d'aprandre que M^r de St Tenac vous aye fait des instances pour ce qui lui pouvoit être deu puisque feu Madame de St Tenac devoit à ma grand'mère 80^l qu'elle lui prêta en louis-d'or (qui sont assés rares chés nous). Je suis persuadé qu'il le sait très bien et qu'il n'ignore pas qu'elle nous aimoit & qu'aussy nous avions de grandes considérations pour elle, et il est certain que nous n'avions rien à luy refuser, il en aura une preuve par les lettres que je vous envoie afin de les luy faire voir. Dans la disette passée elle se trouva sans blé, elle fit prier ma mère de lui en envoyer un settier et 30 livres de ris, le grain était fort rare, le froment valoit 3ˡ 15ˢ la mesure; encore n'en trouvoit-on pas avec son argent; il ne se vendoit point de ris à Vevay, et ici il coutoit 5ˢ la livre. Quelques jours après elle lui envoya deux pistoles qu'elle lui avoit fait demander. Sy Mʳ son fis est honnête homme et raisonnable, il vous payera le tout, car .pour les effets de Madame sa mère, il est faux que nous les ayons retirés, non pas même la moindre chose, & puis qu'elle avoit pris pension, il doit savoir que cela appartient au souverain. Nous étions éloignés d'elle de six lieues et on nous écrivit qu'elle étoit décédée et que le chef de justice qu'on nomme chatelain avoit fait cacheter son cabinet attendant qu'on en eut donné avis à LL. EEᶜᵉˢ. Ainsi, que Mʳ de Sᵗ Tenac ne s'imagine pas que nous soyons payés, car nous n'en avons pas eu la valeur d'une épingle. Faites ce que vous pourrés pour être payé; ma grand' mère (qui vous salue) écrit à Mademoiselle de Gaure pour la prier de soliciter Mʳ son beau-fis à vous satisfaire, elle vous prie de lui rendre la lettre à main propre et lui montrer les cy incluses avec le billet que vous retiendrés toujours par devers vous. Aprenés nous en la réponce que j'espère de vous comme les choses seront allées, et si la récolte est abondante; et pour finir ma lettre, je vous prie de me faire savoir ce qui arriva à la maison de Pradhails et soyés persuadé que je suis et seray respectueusement toute ma vie,

Votre très-humble & très-obéissant serviteur et neveu,
Bourdin.

A Bex ce 5 aoust 1710.

Ma mère et mes sœurs vous saleuënt très-humblem^t et vous prient avec moi de saluer Mademoiselle ma tante.

Mr Desvignals vous saluë et vous prie de dire encore à M^r son frère qu'il est surpris de ce qu'il ne reçoit point de ses nouvelles; cela le rend fort chagrin. M. Barbe aussi vous saluë. Ayés la bonté de faire nos compliments à toute notre parenté de part et autre. Je regrette l'argent que coûtera cette lettre, c'est pour essaier si on pourra recouvrer ce que nous avons légitimem^t baillé. Il est bon de vous dire que ma grand'mère n'a receu qu'un intérest depuis que la somme fut prêtée.

§ 2.

Mademoiselle ma chaire cousine

Je vous suis très-obligé de ce que vous m'avez envoié et du ris, je vous asseure que vous m'avés fait un sensible plaisir, car on n'an trove pas isi. Il est vré que les messieurs an font baillié, més il est fort salle et il faut avoir un billiet pour sella ; ils n'an doune pas sellon que il [seroit] besong, car il m'en faut cin bichès par mois. Je ne vous anvoie pas l'argent, més il se trouvera. Si vous an pouviés recouvré par le mien de Cassaing quelque bichet, j'an seré bien hèse, car il an fait veni, tout se rendra s'il plet à Dieu. Je n'é point de nouvelles de mon fils, je suis toujours dans la larme. Si vous voiés le neveu de Mr Barbe, vous prie de vous informer s'il a dé nouvelles du péis et à Mr Desvinnials et si on lui parle de mon fils, je lé saleue à tous, je suis fâchée de n'avoir pas vu le neveu de Mr Barbe, car il a pasé ici. Mr Narbonne çe porte bien, je l'é veu à Latour, je saleue sa fame et Mlle Grigoulet. Mr de H. Seyne (?) m'a dit que ma cousine de Gauside est malade; sa vous anpêchera de nous veni voir. Je vous anbrase mille fois à tous, Bourdin çe porte bien et répare le tans qu'il a perdu; Coustanse vous saleue et à Mr Desvinials.

A Vevay ce 14e may 1709.

(Adresse) : Mademoiselle
　　　Mademoiselle de Bourdin
　　　　　à Bex.

§ 3.

Mademoiselle ma très honorée mère (1)

Je suis très-sensible à toutes vos bontés en m'ayant envoyé 2 paires de bas et 3 cravates et une chemise et deux mouchouors et les coueffes, je vous en suis infiniment obligé.

Je ne doute pas que vous n'ayez apris le malheur qui est arrivé à Latour, c'est qu'une maison s'est brûlée jeudi au soir à minuit : le feu dura deux heures. Si le vent n'eut pas poussé la flame du côté du lac par les jardins, toute la ville eût été brûlée. Toutes les cloches de Vevay et des vilages à l'entour sonnèrent. Le vent poussoit la flame d'une si grande impétuosité, qu'elle alloit 15 ou 20 toises au delà de la maison ; toutes les familles sortoit leur bagage devant sa porte ou hors de la vile et au bord du lac, Ma^{lle} et moi y alames pour voir Mr Narbonne et Mr Tartanac. Mademoiselle Tartanac, toute malade qu'èle est, prit le chauderon et sortit à la reüe. Le chef de la vile d'ici y ala avec cent hommes. Enfin Latour en fut quite pour deux maisons, une brûlée et une qu'on dé-

---

(1) Cette lettre est écrite sur la même feuille de papier que la précédente : Bourdin, qui était à Vevay, profita de l'occasion qui lui était offerte pour écrire quelques mots à sa mère (O. de G.).

molit. Les cris, les exclamations qu'on faisoit étoit très-grands — Le feu se prit par l'imprudance de la servante en n'ayant pas bien couvert le feu.

Mademoiselle ma très-honorée mère, je suis avec un profond respect,

Bourdin.

(Au dos de la pièce) : Le maître mattelacier n'a pas voulu partir aujourd'hui, il a dit qu'il partira jeudi ou 16 du courant.

§ 4.

Ma chaire cousine

Jé reseu lé 20^l qu'il vous a pleu m'envoié ; vous aumentés toujours les obligations que je vous et, je conné qu'il ia fort peu d'amis, patianse an tout. Jé reseu dé nouvelles de mon fils, il ce porte bien, Dieu merci ; il me dit que le blé vaut 20^l le sétier et le milliet 16^l. Bourdin veut une péruque avec passion ; il faut dus escux ; si voulés, je lui acheteré ; vous me le fairés savoir. Il veut aprendre à dansé. Je vous prie de me donné de vos nouvelles et de ma chaire cousine. Vostre maire M. n'a pas vouleu baillié du blé, on trouve de pain chais le boulangé.

B. Dusson.

§ 5.

Je sousinnée [déclare] et confaise devoir à ma cousine de Gauside la somme de huitente livres que je promès de lui peiié quant elle voudra. Fait à Bex ce 15 mai 1700.
B. Dusson.

Solvit l'intérest en 1701.

(Les cinq documents qui précèdent ont été trouvés sous la même enveloppe portant l'adresse suivante) :
A Lion pour Toulouse
Monsieur
Monsieur Bourdin de Serrelongue
au Mas-dasils
A Toulouse pour le Masdasils.
La lettre monte quarante dus sous.

N° LV.

Moy soussigné, Receveur de la bource des pauvres réfugiés de cette ville, desclare avoir resu de Monsr Bourdin, et par les mains de Mr Jean Jaques Dumoullin, la somme de cinquante livres tournois à conte du légat de soixante livres que feu Madame S* Tenac a fait à notre bource. A Vevay le 18 May 1711.

S. Delor, directeur.

(Au dos de la pièce) : Quitance de Mr Delor..... Bourdin.

N° LVI.

Monsieur mon très-honnoré oncle

J'ay receu votre lettre avec une joie toute singulière, ravi d'aprendre votre rétablissem^t. Je suis très-sensible comme je dois aux marques d'amitié que vous me donnés, je vous conjure de vouloir me la continuer puis que je fairoy tous mes efforts pour m'en rendre digne. Nous sommes tous en santé, Dieu merci, ma mère vous remercie aussi bien que moi de votre lettre de change qui nous est présentem^t d'un grand secours. Nous vous suplions tous de nous écrire un peu plus souvent, je vous en conjure plus particulièrem^t.

Ma mère vous prie de rendre à Madame Dusson la lettre cy incluse et de lui faire voir la quitance que nous vous envoyons, il ne faut rien perdre pour demander, ayés s. v. p. soin de cette quitance et renvoyés nous la quand vous l'aurés faite voir et qu'elle ne vous servira plus. Priés de notre part Mad. Dusson de nous faire rendre justice.

Faites-moi la grâce de me croire avec tout le respect possible,

Monsieur mon très-honnoré oncle

Votre très humble et très-obéissant servit.

Bourdin.

A Bex ce 29e 9bre 1712.

J'assure de mes très-humbles respects Mlle ma tante et embrace de tout mon cœur M^{rs} mes cousins ses fils.

Ma grand'mère et ma mère vous font leurs compliments comme aussi à Mademoiselle ma tante. Mes sœurs vous assurent de leurs très-humbles respects, de même encore qu'à leur très-honorée tante. Nous souhaitons tous ardemment toute sorte de prospérités à son aimable famille — Mrs Barbe & Mr Desvignals vous font bien leurs très-humbles baisemains.

(Adresse) : A Lion pour Toulouse.
A Monsieur
Monsieur Bourdin de
Serrelongue
au Masdazils.
A Toulouse pour le Masdazils.

N° LVII.

Fait à Bex ce 2me nouvambre 1714.

Monsieur et mon très-cher frère

Il est temps que je réponde à vostre obligeante lètre, èle a été la très-bien receue & venue, très à propos dans le temps que je venés de recevoir dé nouvelles de mon fils. Il me marque qu'il se porte bien & que monsieur de Portes qui est le colonel et général du régimant lui a promis qu'il sera oficié au premier jour. J'atandès de jour en jour une nouvelle positive pour vous en fère part, mès je voi que cela me mèneroit trop loin. Toutes les fois qu'il m'écrit, il ne manque pas de me demandé de vos nouvelles & de ma chère seur Danvois; il vous asure de ses très-humbles respects. Il me demande du secours pour s'équipé comme les autres de son rang. Je croi, mon cher frère, que vous ne trouverés pas mauvès que je l'asiste de ce qui sera de mon pouvoir. Je vous asure que je n'é an rien contribué à lui fère prandre ce parti, cela a été son inclination, il m'a solicité plousieurs fois & fète solicité. J'é été an obliasion d'i consanti apréandant qu'il ne print la permision lui-même, cela auret été pleus mortifiant pour moi. Je n'é neul seujet de me plaindre de lui, je l'aime comme mes yeux, & si j'eusse suivi mon inclination je ne l'aurais jamais perdeu de veue; mais je creu lui fère tort de le contrendre. J'aurai soité de tout mon cœur qu'il heut pris tout autre parti, j'an serè pleus tranquile. Mon esprit est toujours agité, quelle résolution que je face. Je fai tout ce que je puis pour me persuadé que Dieu me le conservera partout, s'il m'est nécessaire; je feré tout ce qu'une tandre mère peut fère pour lui afin de n'avoir rien à me reproché; je prie Dieu pour lui et pour sa conduite. Je me persuade que vous ne blâmeré pas ma conduite, bien loin de là, vous me donnerés du secours an tout ce que vous pourrés. Je vous remercie mille fois de ce que vous avés heu la bonté de fère pour moi & pour mes enfans, nous an aurons une reconnoissance éternelle, an atandant l'honneur de pouvoir vous remercier de vive voix, je n'ose pas l'espéré. Peut-être quelqu'un de mes enfans aura le plaisir de s'acquité de ce qui vous doivent; je les i exorte tous les jours, ils sont portés de bonne volonté tous. Je vous suis très-obligé, mon très-cher frère, de la part que vous prenés à la perte que j'é faite de ma bonne & tandre mère; cète séparasion m'a été fort sansible et m'acable avec tant d'autres seujets d'afliction que je me console an Dieu et atans avec silance le tems que Dieu a déterminé dans son conseil pour m'apelé à soi : tout ce qui nous arive nous doit détaché de ce monde. Adieu, mon très-cher frère, je suis

Vost e très-humble & très-obéissante servante,
de Gauside de Bourdin.

Mr Desvignal, messieurs de Barbe vous font leurs complimens, il est dans l'inpasiance d'avoir réponce d'une lètre qu'il écrivit à son cousin le chevalier de Langlois d'ès que j'eus receu la vostre; il étoit prié de vous le dire comme èle m'avoit été randue & présantement aquise & très-bien emploié. Je vous prie de fère mes complimens de part & autre à toute la paranté. Je vous prie, si la quitance que mon fils vous mit dans une lètre n'est pas égarée, vouz me ferès plaisir de la mètre dans la première que vous me écrirés.

N° LVIII.

Monsieur mon très-honoré oncle

Je m'attendois de recevoir quelque lettre de vous depuis que j'ay eu l'honneur de vous écrire, qui est le premier de Juin passé, pour vous remercier du secours que vous avés eu la bonté de m'envoyer. Peut-être en êtes-vous en peine, & c'est ce qui m'oblige à vous donner cy tot de mes nouvelles.

Je ne puis me lasser de vous remercier de la tendre affection que vous deignés avoir pour moy; je vous suplie d'être très-persuadé qu'on ne peut en être plus vivement touché ny plus reconnoissant que je le suis. Je m'estimerois heureux au dernier point, Monsieur mon très-honoré oncle, si je pouvois vous le témoigner de vive voix; la passion que j'en ay ne m'y fait trouver aucune difficulté. Je vois ici cinq officiers de ce Régim¹ qui ont été chés eux, c'est-à-dire en Languedoc, en Dauphiné & en Provence, & qui en sont heureusement revenus sans avoir fait aucun rencontre fâcheux. Je vous avoue que cela a beaucoup augmenté l'envie que j'avois desjà de faire ce voyage : le seul obstacle que j'y rencontre, c'est que je n'ay point d'argeant pour le pouvoir entreprendre. Si vous aviés la bonté, Monsieur mon très-honoré oncle, de vouloir remédier à cet inconvénient, je vous aurois une autre obligation infinie. Je pourrois partir sur la fin d'octobre & j'aurois enfin l'honneur de vous embrasser avant l'hyver, & de voir la chère patrie & les chers parens. Il est bien vray qu'un mois ou deux plus tôt ou plus tard ne font rien à la chose. Je vous suplie donc, Monsieur mon très-honoré oncle, de vouloir me donner cette consolation, que je demande depuis si longtems. Je vous en suplie, dis-je, & vous en conjure plus instament que jamais, en vous assurant de mon côté que je ne **cesseray** qu'à la fin de ma vie d'être avec un profond respect et une parfaite soumission,

  Monsieur mon très-honoré onclé,

Votre très-humble & très-obéissant serviteur & neveu,

      Bourdin.

A Alexandrie (1) ce 9ᵉ Aoust 1716.

(Adresse) : A Lion pour Thoulouse
    de Turin
   A Monsieur
  Monsieur Bourdin de
   Serrelongue
    au Masdasils.
A Thoulouse pour le Masdazils.

N° LIX.

Monsieur mon très-honnoré oncle

J'aurois plutôt répondu à l'obligeante lettre que vous avés pris le peine de m'écrire, mais j'ay voulu attendre que la lettre de change que vous m'avés fait la grâce de m'envoyer me fût acquitée. A présent j'auray l'honneur de vous dire qu'elle l'est,

---

(1) Alexandrie, ville de Piémont, à peu près à égale distance de Gênes et de Turin ; Marengo est près de cette ville.

que j'en ay torché l'argent & qu'il a merveilleusement bien rétabli mes affaires, quoique modique. Je ne puis que vous remercier de tout mon cœur de tant de marques d'affection & de bienveillance que vous me donnés dans votre lettre; je suis mortifié de ne trouver pas de termes assés forts pour vous exprimer à quel point je suis reconnoissant. Je ne cesseray jamais de tacher de les mériter de plus en plus & de faire chaque jour mille et mille veux au ciel pour votre conservation. Je ne doute pas que l'augmentation des espèces n'ait causé beaucoup de désordre & même ruiné le commerce. Vous me surprenés beaucoup, Monsieur mon très-honnoré oncle, en me disant que le cœur du Royaume est plein de gens de guerre; l'on calculoit qu'après toutes les troupes que Monsr le Duc d'Orléans a réformées, il ne pouvoit pas rester en France plus de quatre vingt mille hommes, et l'on sait de science certaine qu'il en faudroit plus de cent cinquante mille pour garder tant soit peu bien les frontières du Royaume. Pour ce qui est de la ligue que l'on vous a dit que le Roi de Sicile faisoit avec l'Espagne, je n'en ay jamais ouy parler, & tous ceux ici à qui je l'ay dit, pour le savoir au vray, m'ont tous répondu qu'il ne peut pas seulement y avoir aparence à cela; en effet, il y a ici plusieurs officiers généraux qui ont des nouvelles de la Cour tous les courriers, et il n'est pas possible qu'ils ignorassent une négociation de cette importance. D'ailleurs il est visible qu'il n'est pas des intérêts du Roi de Sicile de se séparer de ceux de France puisque l'Empereur le regarde toujours de travers. Outre cela ce roy cy a toujours un Ambassadeur ordinaire à Paris qui auroit été congédié ou rapellé depuis ce temps là, & je say qu'il y est encore actuellem'; il s'apelle le Comte d'Antremont. Je suis résolu de partir pour avoir l'honneur de vous aller voir le 15ᵉ d'Octobre prochain, si vous le trouvés à propos. Je me persuade que l'orage dont vous me parlés dans votre lettre sera dissipé entre cy et ce tems là. Je vous conjure, Monsieur mon très-honnoré oncle, très-instament de vouloir bien m'envoyer de quoi faire ce voyage & de quoi m'habiller avant de partir afin qu'on ne puisse pas dire que je suis arrivé chés vous tout à fait misérable. Je ne doute pas que vous n'ayés encore cette bonté pour moy pour augmenter le nombre des obligations que je vous ay. Au reste le fils de Ninau l'apoticaire est venu ici, il est frater de la colonelle, il y a environ trois mois qu'il y est, il vous assure de ses respects & vous prie de donner de ses nouvelles à ses parens, il m'a parlé de vous long temps, & j'ay appris de lui avec bien de la joie que vous étiés en grande prospérité à tous égards, & que les affaires allait assés bien au païs quand il en est party. Il ne me reste plus pour

finir ma lettre qui vous ennuiera peut-être à cause de sa longueur qu'à vous protester que je suis & seray toute ma vie avec un profond respect,
Monsieur mon très-honnoré oncle,
 Votre très-humble & très-obéissant serviteur & neveu
   Bourdin.
  A Alexandrie ce 30ᵉ may 1716.

Je vous prie de trouver bon que j'assure ici de mes très-humbles respects Mademoiselle ma tante & que j'embrasse de tout mon cœur mes chers cousins ses enfans. J'avois oublié de vous dire dans ma dernière lettre que je ne suis qu'enseigne dans le régiment Desportes.

(Adresse) : A Lion pour Toulouze
  A Monsieur
  Monsieur Bourdin de Serrelongue
   au Masdazils
 A Toulouse pour le Masdazils

N° LX.

Monsieur mon très-cher frère

Je me persuade que vous ne serés pas fâché d'avoir de mes nouvelles et de mes anfans. J'é mes deux filles avec moi et mon fils est (à) Alexandrie;

j'an ai heu dé nouvelles le premier jour de cet
année ; il me marque qu'il se porte bien par la
grâce de Dieu ; il me prie de vous fère ses très-
humbles complimens de sa part, et moi je vous remercie de la bonté que vous avés heu à son égart ;
il an et fort reconnaissant, cela m'a fait un plaisir
extrême. Quand vous serés en comodité de lui
fère du bien, vous me fairés toujours plaisir. Je
fais mille veux pour vostre conservation et de Mlle
ma très-chère seur et pour ses anfans ; je l'anbrace
mille fois. Je suis, monsieur mon très-cher frère,

Vostre très-humble et très-obéissante servante,
Me de Gauside Bourdin.

Mes filles vous font leurs très-humbles complimens ; Mr Desvignal, les messieurs de Barbe an
font de même.

Fait à Bex ce 31me janvier 1717.

Je vous prie de fère mes complimens à toute la
paranté de part et d'autre.

Monsieur, ses deux lignes sont pour vous assurer de mon estime et pour vous prier d'avoir la
bonté de dire à mons^r le chevalier de Langlois que
je n'ay pas eu réponce de la dernière que je luy ay
escrit. Il me fera plaisir de m'aprendre l'estat de
ceux de chés moy ; j'espère les voir le mois d'avril

ou de may prochain. Je n'ay receu ce qu'il m'avoit envoyé que sur la fin du mois de 9bre à cause de l'échange de l'argent. S'il peut me faire tenir 100^l il me fera plaisir, autrem^t il faudra que je les emprunte à quelque part, où je trouveray ; faites voir cecy à mon frère. Je vous embrasse de tout mon cœur ; je suis très-parfaitement tout à vous,

Desvinals.

(Adresse) : A Lion pour Tholose   15^s
Monsieur
Monsieur Bourdin Serre
longue
au Masdasils.

(Cette lettre est écrite sur la même feuille de papapier que la précédente, après celle de Me de Gauside).

N° LXI.

Monsieur mon très-honoré oncle

Je vous ay tant d'obligations & à Mademoiselle ma tante que je ne say de quelle manière je dois m'y prendre pour vous remercier de toutes les bontés que vous avés eues pour moi. Mais si je ne puis trouver des termes assés forts pour vous exprimer à quel point j'y suis sensible, je vous demande en grâce de vouloir être persuadé que rien ne pourra égaler la vive reconoissance que j'en auray toute ma vie. Les chevaux ont heureusem^t fait le voyage & je les ay vendus peu de tems après que j'ay été arrivé parce que nous sommes en pleine paix mieux que jamais. Il se négotie actuellement un nouveau traité de paix entre l'Empereur & notre roy. Si ce traité a lieu, il y a grande aparance que notre régiment & quelques autres seront réformés, au moins tous nos officiers le craignent fort, & je vous avoue que je l'apréhende plus qu'aucun, parce qu'outre qu'il n'y a pas grand plaisir à se voir sur le pavé, ma mère qui a assés de peine à subsister elle seule avec mes sœurs ne pourroit pas par conséquent me tenir auprès d'elle sans rien faire, & comme je ne saurois gagner ma vie qu'à ce métier cy, je ne saurois aussi que devenir ni à quel saint me vouer. C'est ce qui fait, Monsieur mon très-honnoré oncle, que je vous suplie très-instamment de vouloir donner tous vos soins à solliciter vos amis pour m'obtenir, s'il est possible, un emploi dans les Gardes suisses ou du moins une lieutenance dans quelqu'autre Régim^t des cantons protestants. Daniel de Jouanillou qui s'en est venu avec moi m'a joué un assés vilain tour; il est vray qu'il m'a servi fidellement pendant la route jusques à Genève où je l'ay habillé de pié en cap, croyant qu'il viendroit me servir au régiment comme il me le promettoit; mais au lieu de cela, quand il a été à Bex, il n'a pas voulu aller plus avant & m'a planté là sans rime ni raison, c'est-à-dire sans qu'il aye eu aucun sujet de se plaindre de moi pour la moindre chose, de sorte que j'en suis pour un justaucorps, veste, culotte & bas sans conter la dépense qu'il m'a causée pour l'avoir nourri à bouche que veux-tu pendant toute la route. Mais passience, je ne croyais pas avoir affaire à un coquin comme lui, peut-être qu'un jour il me la payera. J'ay trouvé ici heureusement le valet que j'avois laissé à Lunel en allant. Monsieur Del Freyche de Miramont est ici, qui vient du service des Vénitiens dont il est très-mal content. Comme les espèces lui manquent, il écrit à Mr de Miramont son frère pour le prier de lui en envoyer, il veut rester ici quelque tems pour voir de quelle manière tourneront les affaires du monde; il vous prie de solliciter M^r son frère à lui envoyer de l'argeant, parce qu'on ne peut pas vivre, ici non plus qu'ailleurs, sans en avoir. Nous avons trouvé à propos lui & moi de vous envoyer la cy jointe qu'il lui écrit pour quil n'ignore pas l'avoir reçeue & qu'il soit engagé à faire une plus prompte diligence. Je suis fort en peine de savoir si Recéguier est parti pour le Régim^t de Médoc ou quelqu'autre. Monsr Desvignals est parti enfin après maintes consultes; je vous prie de m'aprendre s'il est arrivé. Ce que je souhaite de savoir avec plus d'empressem^t, c'est si ma tante est remise de l'incommodité qu'elle avoit lorsque je suis parti. Je souhaiterois fort d'avoir aussi nouvelles de Mr Descaig. Je voue prie d'être persuadé que je seray très-respectueusement toute ma vie,

  Votre très-humble & très-obéissant serviteur & neveu,

         Bourdin.

J'assure de mes très-humbles respects Mademoiselle ma tante & j'embrasse de tout mon cœur mes chers cousins Dembois. J'assure aussi de mes très-humbles obéissances toute la maison Descaig et d'Ulliet. Je prie Recéguier lorsqu'il yra au Mas d'aller de ma part chés Mademoiselle de Falantin l'assurer de mes respects & la prier de continuer d'avoir pour moi quoiqu'absent un peu de bienveillance & quelque part dans son souvenir. Je vous prie, Monsieur mon très-honoré oncle, de me faire réponse dès que vous aurés receu ma lettre, j'écrits à Madame de Larbont & à Mr Rottès. Très-humbles salutations à Mrs de Gottis, Monsieur de St Michel & Mad^{lle} ma tante son épouse.

A Alexandrie ce 28e avril 1718.

N° LXII.

Monsieur mon très-cher frère

Mon fils m'a donné de vos nouvelles et de ma belle-sœur et de ses anfans qui sont charmans; cela me fait un plaisir extrême. Je me persuade que vous serés bien èse que je vous donne dé nouvelles de mon fils, il est arrivé à son cartié an santé par la grâce de Dieu. Je vous suis mille fois obligée du bon acueil que vous lui avés fait & la tendrèce dont vous avés agi à son égart & ma seur de même. Je soite de tout mon cœur de pouvoir vous en témoigner ma reconnaissance et à toute la paranté de part et autre, j'é été très-satisfaite de tous. Vous saurés que Bergé a quitté mon fils ici par toute raison qu'il ne voulet pas s'angagé à pasé en réserve; il est parti avec Mr Desvignals; je ne sai s'il ira au Mas. Ce prosédé m'a causé du chagrin, més on ne lui a fait aucun tort, soiés en persuadé. Mon très-cher frère, je fai mille veux pour vous et pour ma chère seur que j'aubrace mile fois avec ses chers enfans & suis,

Monsieur,

Vostre très-humble et très-obéissante servante,

M. de Gauside de Bourdin.

Mes filles vous assurent de leurs très-humbles respects et à leurs tantes & anbracent leurs cousins. Mes complimens à toute la paranté de part et autre.

A Bex ce 16 may 1718.

(Adresse) : A Lion pour Toulouse.
A Monsieur
Monsieur Bourdin de Serrelongue
au Masdazils.

N° LXIII.

Les armoiries de la famille Bourdin ont été retrouvées sur plusieurs cachets, parfaitement conservés, des lettres de Charles et de sa famille; elles ont été gravées par M. Baronié, graveur à Toulouse (place Saint-Pantaléon), qui s'est appliqué, sur ma demande, à les reproduire avec la plus grande exactitude, et qui leur a conservé juste la grandeur qu'elles ont sur les cachets. L'explication ou notice qui se lit au-dessous des armoiries m'a été communiquée par un archéologue distingué auquel mon ignorance en ces matières m'a forcé de recourir (O. de G.).

TABLE DES MATIERES

	Pages.
AVANT-PROPOS	5
CH. I. Naissance de Bourdin au Mas-d'Azil	9
II. Son éducation à Puylaurens	19
III. Son ministère à Sénégats	31
IV. Son ministère au Mas-d'Azil	41
V. Son exil en Suisse à la Révocation	65
VI. Sa mort dans le canton de Vaud	79
VII. Marie de Gauside, sa veuve, et ses trois enfants	85
APPENDICE — Pièces justificatives	101
TABLE DES MATIÈRES	211

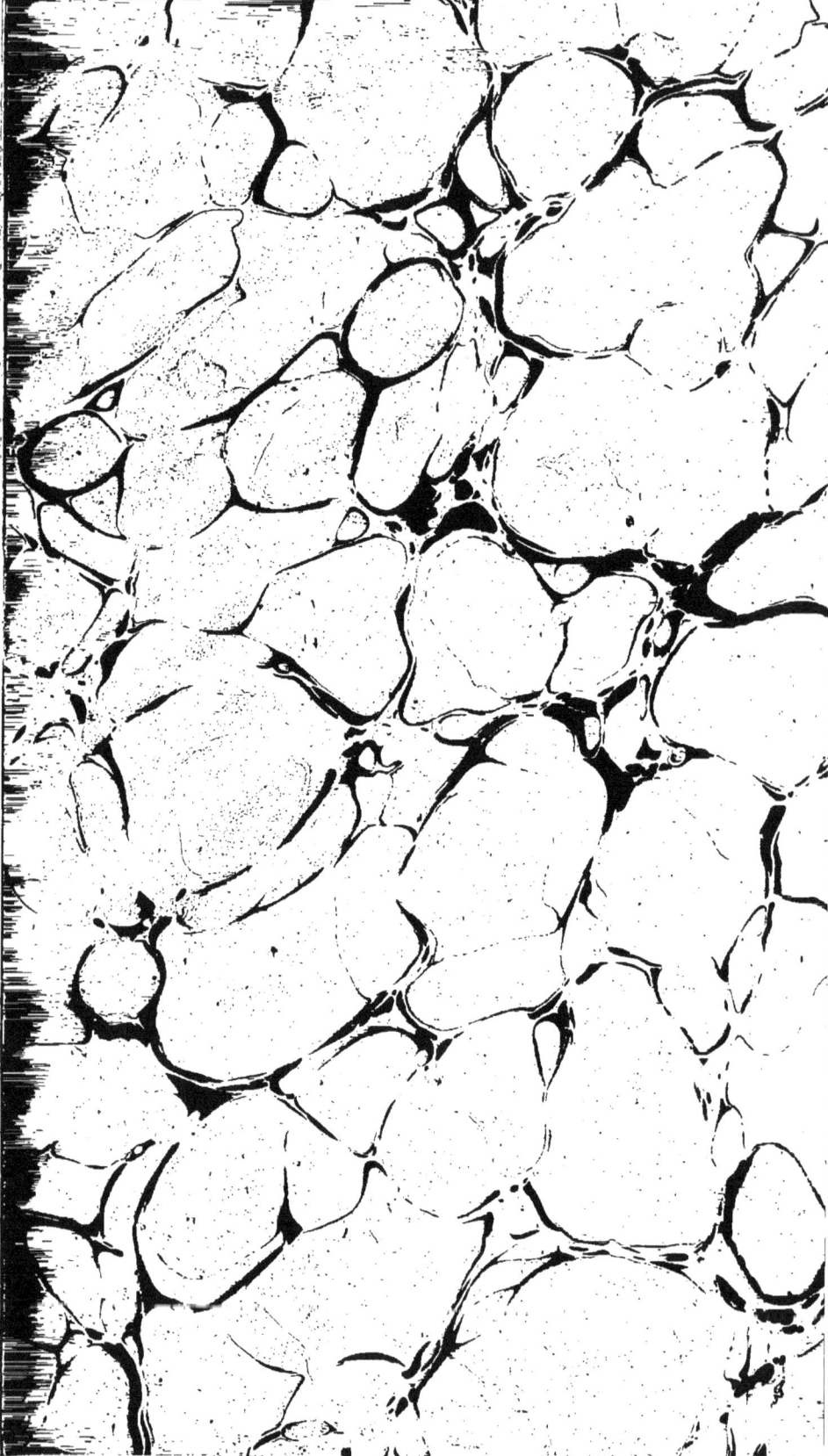

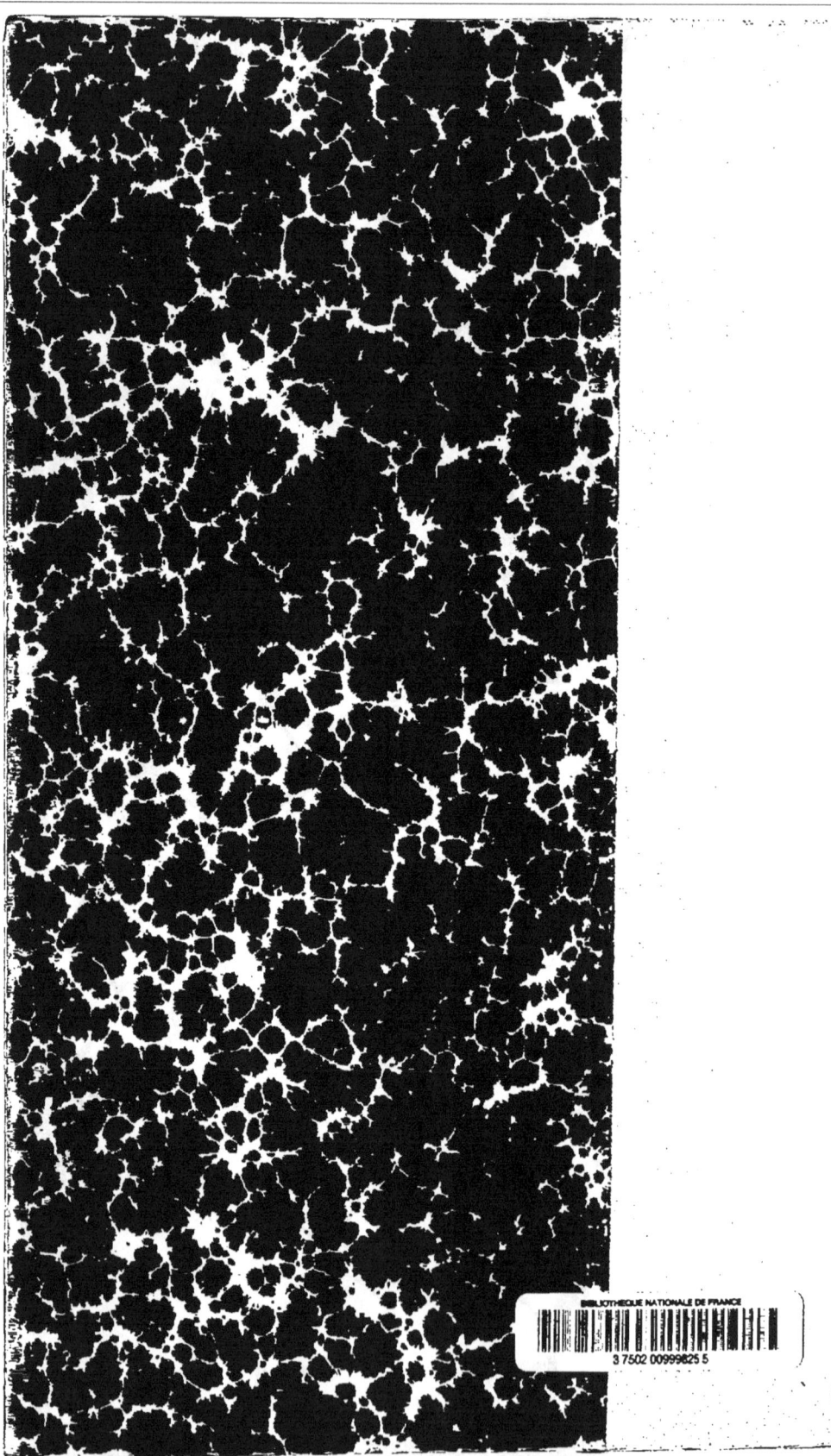

www.ingramcontent.com/pod-product-compliance
Lightning Source LLC
Chambersburg PA
CBHW051910160426
43198CB00012B/1837